저 너머로의 발걸음

Le pas au-delà

Le pas au-delà by Maurice Blanchot
Copyright © Éditions Gallimard, 1973.
Korean Edition Copyright © Greenbee Publishing Co., 2019.
All Rights Reserved.
This Korean edition published by arrangement with Éditions Gallimard through Shinwon
Agency Co., Seoul.

저 너머로의 발걸음 (모리스 블랑쇼 선집 07)

초판 1쇄 발행 2019년 7월 5일

지은이 모리스 블랑쇼 · **옮긴이** 박영옥
펴낸이 유재건 · **펴낸곳** (주)그린비출판사 · **주소** 서울시 마포구 와우산로 180, 4층
전화 02-702-2717 · **팩스** 02-703-0272 · **이메일** editor@greenbee.co.kr · **신고번호** 제2017-000094호

ISBN 978-89-7682-493-6 04100   978-89-7682-320-5 (세트)
이 도서의 국립중앙도서관 출판예정도서목록(CIP)은 서지정보유통지원시스템 홈페이지(http://seoji.nl.go.
kr)와 국가자료공동목록시스템(http://www.nl.go.kr/kolisnet)에서 이용하실 수 있습니다.(CIP제어번호:
CIP2019014903)

철학이 있는 삶 **그린비출판사 www.greenbee.co.kr**

블랑쇼 선집
7

저 너머로의
발걸음

Le pas au-delà

모리스 블랑쇼 지음 박영옥 옮김

응B
그린비

『모리스 블랑쇼 선집』을 간행하며

모리스 블랑쇼는 철학자이자 작가로서 이 시대에 하나의 사상적 흐름을 형성하였다. 그는 말라르메의 시학의 영향 아래에서 현대 철학과 문학의 흐름을 창조적·비판적으로 이어 가는 '바깥의 사유'를 전개시켰다는 점에서 전통에 위치한 사상적 매듭인 동시에, 다음 세대의 (푸코·들뢰즈·데리다로부터 낭시·라쿠-라바르트·아감벤에 이르기까지의) 뛰어난 철학자들에게 끊임없이 영감을 주어 온 사상적 원천이다. 이는 그의 사유를 한때의 유행이 아니라 지속적으로 참고해야 할 준거점으로 받아들여야 한다는 요구가 부당하지 않은 하나의 근거가 될 수 있을 것이다. 그러나 블랑쇼가 진정으로 중요한 이유는, 삶이 사상보다 중요하다는 단순하지만 명백한 사실에 비추어 볼 때, 다른 데에 있다.

그는 종종 '소크라테스 이전의 사상가'라고 불리어 왔다. 그 사실은 그의 사유가 아카데미의 학문적 역사와 배경을 넘어서서 자신의 삶의 체험을 바탕으로 여러 삶의 양상을 직접적으로 표현한다는 것을 의미한다. 우리는 그의 언어가 궁극적으로 우리의 학문적·지적 호기심이 아니라 우리 각자에게, 우리 각자의 삶에 호소하고 있다는 사실을 경험하게 될 것이다. 그의 언어는 우리가 반복하고 추종해야 할 종류의 것이 아니라, 몸으로 받아들여야 할 종류의 것, 익명의 몸과 마음으로 느껴야 할 비인칭의 언어 또는 공동의 언어이다. 따라서 블랑쇼를 읽는다는 것은, 그가 생전에 원했던 대로 '모리스 블랑쇼'라는 개인의 이름(동시에 사회에서 받아들이고 칭송하는 이름, 나아가 역사적 이름)을 지워지게 하는 동시에 어떤 공동의 '우리'에 참여하는 것이며, 나아가 그 귀결점은 또 다른 공동의 언어로 열리고 그것을 생성하게 하는 데에 있다. 아마 거기에 모리스 블랑쇼를 읽는 가장 중요한 이유가 있으며, 결국 거기에 독자의 마지막 몫이 남아 있을 것이다.

『모리스 블랑쇼 선집』 간행위원회

Maurice Blanchot, *Le pas au-delà*

C · O · N · T · E · N · T · S

| 일러두기 |

1 이 책은 Maurice Blanchot, *Le pas au-delà*, Gallimard, 1973를 완역한 것이다.

2 본문 중의 모든 각주는 옮긴이가 넣은 것이다.

3 단행본·정기간행물에는 겹낫표(『 』)를, 논문·단편·시 등에는 낫표(「 」)를 사용했다.

4 외국 인명이나 지명, 작품명은 2002년 국립국어원에서 펴낸 외래어표기법을 따랐다.

저 너머로의 발걸음

이 관계 안으로 들어가자.

❖ 죽음, 우리는 그것에 익숙하지 않다.

❖ 죽음은 익숙해질 수 없는 어떤 것이라, 때론 감탄을 자아내는 낯선 것으로서, 때론 공포를 유발하는 친숙하지 않은 어떤 것으로서 그것에 접근한다. 그렇다고 해서 죽음에 대한 사유가 죽음을 생각하는 것을 도와주지도, 죽음을 생각할 수 있는 어떤 것으로 제시하지도 않는다. 죽음과 사유는 생각하면서 우리가 죽고, 죽어 가면서 우리가 사유에서 제외된다는 점에서 서로 아주 닮았다. 이때 모든 사유는 치명적일 것이고, 모든 사유는 최후의 사유일 것이다.

❖ 시간, 시간. 시간 안에서 완수되지 않은 저 너머로의 발걸음*은

---

* 이 책의 제목이기도 한 '저 너머로의 발걸음'(Le pas au-delà)에서 'pas'는 로저 라포르테

시간의 바깥으로, 그러나 이 바깥이 비시간적임이 없이, 다만 시간이 추락하는 그 바깥으로 우리를 이끌 것이다. 이 덧없는 추락**은, 오래된 비밀스러운 두려움 아래서 쓰는 것이 우리에게, 이미 우리를 떠난 우리에게 허락되었다면, 글쓰기가 우리를 끌어당기는 이 "시간 안의 시간 밖"을 따라서 일어날 것이다.

❖ 그것은 어디에서 오는가? 그 하늘에 직면해서, 그 하늘의 고독 속에서, 써진 이 최초의 말들에서, 어떤 미래도 어떤 의도도 없이 스스로 존재하는 이 말들—"**그—바다**"il—la mer***—에서, 잘라 내고

(Roger Laporte)에 따르면, 적어도 네 가지 의미를 가진다. 우선 프랑스어의 'pas'는 명사로 '발걸음'을 의미하기도 하지만 '부정의 부사'를 의미하기도 한다(이 책의 영어 번역본 제목이 'The step not beyond'인 것은 이런 이유에서다). 저 너머로의 발걸음은 저 너머(죽음)로 가는 걸음이면서 저 너머로 가는 것이 처음부터 불가능한, 딛을 어떤 지반도 없어서 추락을 유발하는 '헛발질'(faux pas), 그 너머로 가는 운동 그 자체 안에 금지가 기입된 죽음의 불가능이기도 하다. 너머로 가는 운동은 그래서 처음부터 위반(transgresser)의 운동이고, 이 운동은 항상 그 문턱에서, 그 한계에서 일어나는 운동—너머로 감이 없이 너머로 가는 발걸음—이다. 그런데 이 너머는 공간적인 의미만을 가진 것이 아니라, 시간, 시간을 따라서 일어나는 운동, 즉 과거(passé)의 'pas'를 지시하기도 한다. 그것이 시간의 운동을 지시하는 한에서 너머로(au-delà)의 걸음은 그 이전(en-deçà)으로 가는 걸음을, 우리를 이미 떠난 우리, 조상의 걸음을 따라가는, 그 흔적을 반복하는 걸음, 기억할 수 없는 저 너머로—이전으로—가는 걸음이기도 하다. 끝으로, 블랑쇼에서 글쓰기가 우리를 책의 부재("모든 것은 지워져야 한다")로 이끄는 한에서 우리는 여기에 수동성(passivité)—정념(passion) 혹은 인내(patience)—의 'pas'를 덧붙일 수 있다.

** '덧없는 추락'(la chute fragile)이라는 이 낯선 표현은 '저 너머로의 발걸음'이 발걸음(le pas)인 동시에 그것의 부정(pas)을 의미하는 것처럼, 그 자신 안에 이중성을 함축하는 추락("이중의 추락")—추락이면서 그것에 반한—절대로 떨어질 수 없는, 절대로 도달할 수 없는, 절대로 죽을 수 없는 무한의, 반복적인 추락을 말할 것이다.

*** 여기서 우리는 블랑쇼의 최초의 소설, 『토마, 알 수 없는 자』(Thomas l'Obscur, 1950)의 첫 문장을 불러내지 않을 수 없다. "토마는 앉아서 바다를 바라보았다."

파괴하고 혹은 변화시키는 그 힘은 도대체 어디에서 오는가?

"그—바다"와 같은 말들이 그 말들에서 오는 요구를 가지고, 또 그 말들이 유래하는 그 요구 때문에 써졌다는 단 하나의 사실에 의해, 어딘가에, 근본적인 변형의 가능성이, 그런 것이 있다면 단 하나인데, 개인적 실존의 제거의 가능성이 써지고, 새겨진다는 것을 생각하는 것만으로도 충분히 만족스러운 (아주 만족스러운) 일이다. 더도 덜도 아닌 이 가능성.

어느 날 써진 이 말들로부터(이것들은 다른 말들이었고 동시에 다른 것일 수도 있었던 것인데*), 또 글쓰기의 요구로부터—다만 네가 그 요구를 때로는 확신하고 때로는 의심하면서 책임졌다는 전제에서—어떤 결론을 끌어내려고 하지 마라. 그 말들에서 네가 붙잡고 있는 것은 그것이 무엇이든지 간에 다만 무의미한, 그런데 (글쓰기의 요구 그 자체의 전제에 의해) 어느 정도 단일성에서 물러선 실존을 오만하게 다시 통합하는 데 사용될 뿐이다. 거기에 너의 희망이 있다고 할지라도—그것을 의심해야 한다—너의 실존을 통합할 수 있을 것이라고 희망하지도, 또 실존을 분리하는 이 글쓰기를 통해 그 실존 안에 과거와의 어떤 일관성을 도입할 수 있으리라고 생

---

* 블랑쇼는 『토마, 알 수 없는 자』 1950년 판본을 내면서 책머리에 다음과 같이 덧붙인다. "모든 저작은 무한히 변화할 수 있는 가능성을 가진다. 『토마, 알 수 없는 자』라는 제목을 가진 이 페이지들은 1932년부터 쓰기 시작해서 1940년 5월에 끝냈으며, 1941년 출판되었다. 현재 이 판본에는 아무것도 더해지지 않았고 다만 많은 것이 버려졌다. 우리는 이 책을 다른 것이라고도, 새로운 것이라고도 말할 수 있다. 그런데 또한 아주 똑같은 것이라고도 말할 수 있다." 사실 1941년판은 300쪽이 넘고, 이 새 판본은 120쪽 정도다. 이 두 판본 이외에도 출간되지 않은 6종의 판본이 존재한다.

각하지도 마라.

❖ 글쓰기에 대한 질문으로서 글쓰기는, 그 질문이 글쓰기를 낳고, 글쓰기가 그 질문을 낳을 때, 더 이상 네가 가진 존재와의 관계─전통, 질서, 확실성, 진리, 모든 종류의 정착으로 이해되는 이 관계─를 허락하지 않는다. 이 관계는 어느 날 네가 과거의 세계로부터, 비록 하늘이 공허로 열린 그날 이래로 자아에 균열이 생겼다고 할지라도, 너의 "자아"를 강화하기 위해 네게 맡겨졌던 그 세계로부터 받은 것이다.

나는 이 자아를, 더 이상 내가 아닌 이 자아를, 별 생각 없이 쓰기 시작한 이 자아를, 아무것도 하지 않는 순수한 산출이 이 세계와 자아의 세계 안에 스며들듯이 그렇게 쓰던 (그런데 쓴다는 사실을 알던) 자아를 헛되이 표상하려 할 것이다. 그것은 "밤"에 일어났다.[**] 낮에는, 낮의 활동, 일상의 말, 일상의 글쓰기, 긍정, 가치, 습관 등이, 아무것도 중요하지 않지만 막연히 삶이라고 불리는 어떤 것이 있다. 자아가 쓰면서 정확히 괄호 안에 넣었던 확실성은, 쓰는 주체 그 자체의 확실성을 포함해서, 이 주체를, 천천히 그런데 지체함이 없이 텅 빈 공간 안으로 이끈다. 그 공허(빗금 처진 영, 문장 같은)[***]가

[**] 블랑쇼는 『토마, 알 수 없는 자』(29쪽)에서 이 말들의 현전은 밤에 일어났다고 말한다. "'그'라는 말과 '나'라는 말이 서로 유린을 시작하고, 이 말들은 모호한 말들로 머물고… 처음으로 그는 이 말들의 현전을 명백히 보았다. 그때는 밤이었다."

[***] 이 공허는 가문의 문장(紋章)처럼 빗금 처진 영(∅)을 닮았다. 이 공허에 대해 자크 데리다(Jacques Derrida)는 그의 책 『해역』(Parages, Paris: Galilée, 1986)에서 이것은 "그(il)의

우여곡절의 긴 여정을 거치는 것을 전혀 방해하지 않는 그 텅 빈 공간 안으로.

❖ 이 도시에는 아무와도 왕래하지 않는 사람들이 있다는 것을 그는 알고 있었다. 그런데 어떻게 이 사실을 아는지 그는 자신에게 물어야 했다. 그것은 어쩌면 그가 아는 어떤 것이 아니라, 지식 속에서 그가 이해한 것일지도 모른다. 전적으로 다른 지식은 그가 그 사실을 미리 알거나 모르게 한다. 어떻게 이 사실로부터 그들에 대한 탐구로부터 출발하고자 하는 유혹—욕망—에 저항할 수 있겠는가? "그들을 만나기 위해서 어떻게 해야 합니까?"—"그것보다 더 간단한 것은 없습니다. 그들과 우연히 만나면 됩니다."

그들은 여러 종류였다. 함께 살거나, 아니면 함께 살면서 떨어져 살거나. 이것 역시 그는 확신할 수 있는가? 여럿은 다만 너무 결정적으로 그가 사람들을 생각하지 않도록 도와주었을 뿐이었다.

"우연히, 일어난다는 말입니까?"—그런데 그는 반복했다. "그들과 우연히 만나면 됩니다." 물론, 그에게 그것을 말하기 훨씬 전에, 특히 그에게 그것을 말하는 동안에, 그는 "당신은 그들을 이미 알고 있습니다"라는 다른 대답을 예상하고 있었다. 이 말은 그들을 안다는 것은 그들을 만나는 좋은 방법이 아니라는 것을 그에게 이해시키고자 한 것이었을 것이다. 그런데 그가, 보통 사람들이 일상어의 영향 아래서 묻듯이, "당신은 내가 그들을 안다고 믿습니까?"라고 물으려고 했을 때, 그는

이름, 이름 없는 이름의 문장(紋章)인가?"라고 질문한다(p. 109).

"그것이 어떻게 가능합니까? 당신은 누구와도 왕래하지 않는데 말입니다"라는 경박한 대답에 놀라고 말았다.

그가 그것을 반성하는 동안, 또 그것을 그에게 말할 경우―그런데 그는 그것을 말하지 않을 것이다―그가 어떻게 대답할지를 예상할 수 있었을 때조차 ("그것은 바로 내가 말한 것입니다. 당신은 누구와도 왕래하지 않습니다.") 적어도 그는 그와 왕래했다.[*]

❖ 덧없는 사유들, 덧없는 욕망들. 그는 이것들의 힘을 느끼고 있었다.

❖ "그il"[**]와의 관계. "그"가 지니는 복수성은 그 자체로 복수를 표시하는 어떤 기호에 의해 표시될 수 없는 것이다. 왜 그런가? "그들ils"은 여전히 분석 가능한, 결국 다룰 수 있는 전체를 지시하기 때문이다. "그들"은 (그가) 복수성에서 자신을 규정할 수 있는 가능성을 빌려서 중성에서 해방되고, 그로부터 손쉽게 다시 비-규정성으로 돌아오는 한 방식이다. 마치 (그)가 거기서 모든 규정되지 않

---

[*] 이 책에는 두 종류의 글씨체가 존재한다. 하나는 정체이고 다른 하나는 이탤릭체이다. 정체는 주로 자신의 주장을 논증하는 글들로 블랑쇼의 철학적 글쓰기라고 이해할 수 있을 것이다. 반면 이탤릭체는 주로 이야기(récit) 형식으로 작가의 허구적 글쓰기에 해당된다 (이 번역본에서는 이탤릭체를 볼드체로 표시했다). 이러한 글쓰기는 그의 글을 어떤 한 문학의 장르로 넣는 것을 방해한다.

[**] 중성 대명사가 따로 없는 프랑스어에서 'il'은 '그'와 '그것' 모두를 지시하는 대명사이다. 그런 이유로, 영역본은 'il'을 'he/it'으로 옮긴다. 우리는 여기서 'il'을 '그'라고만 옮긴다. 물론 이것은 독자가 'il'을 '그/그것'으로 읽는 것을 전혀 방해하지 않는다.

는 것이 기입되는 한 자리를, 아주 결정적인 자리를, 그에게 정해 주는 충분한 단서를 발견할 수 있는 것처럼 말이다.

그를 지시하기보다 고발하면서, 내가 '그'라고 쓸 때, 그를 지정할 수 있는 모든 것 위로 고양하는 어떤 열別, 어떤 역할 혹은 어떤 현전을 그에게 부여하는 대신에, 글쓰기의 놀이가 실행되기 위해서, 최소한 나는 "내"가 허구적 혹은 기능적 정체성 안에 고정되는 것을 받아들이는 이 관계 안으로 들어가는 것은 다름 아닌 나라는 사실을 안다. 이때 그는 이 놀이의 동반자이면서 (동시에) 글쓰기의 산물 혹은 증여이거나, 그 자체 주역으로서 역할을 하면서, 변하고, 이동하고, 변화의 자리 그 자체를 취하는, 즉 자리가 없는, 자리를 그리워하는 이동 그 자체인 이 놀이의 걸린 판돈, 내기이다.

❖ 그. 내가 글쓰기 주변에 머물 때, 그를 대문자로 기입하지 않도록 조심하고, 더더욱 그가 지시하는 것이 무엇인지 우리가 알 수 없다는 사실로부터 그에게 도래할지도 모르는 과도한 의미를 그에게 부여하지 않도록 더더욱 조심하면서, 내가 일시적으로 그것에 부여한 자리에서 (글쓰기 주변에서), 내가 유지하는 이 말을, 물론 여기에 갈등이 없는 것이 아닌데, 나는 끊임없이 감시해야 할 뿐만 아니라, 그로부터, 사칭이나 불가능한 허구에 의해, 자리의 변화, 그리고 그로부터 결과하는 "자아"에 대한 그의 상대적 위치의 변화를 감시해야 한다. 이때 "자아"는 처음부터 같음과 동일성 혹은 철자법 안에서 그것에 의해 표기되는 기호들의 영속성을 표상하는 일을 담당하고, 동시에 이 동일성의 기능fonction 혹은 추

출ponction과 다른 형식을 취하지 않는다. 자아는 내가 아니라, 나 자신의 같음이다. 이때 같음이란 인격적이거나 비인격적인, 확실하거나 불확실한 어떤 동일성이 아니라, 용어나 표기의 이상적인 동일성을 관례적으로 보증하는 법 혹은 규칙이다. 자아는 말하자면 규범에 맞는 약어, 즉 일인칭 안에서 같음의 지상권의 주장을 통제하고 축복하는 한 공식이다. 아마도 이로부터 자아에 신성불가침의 성격과 같은 것이 붙었을 것이다. 그리고 에고이즘은 그가 점유하고 있는 중심에서 자신에게 특권적인 지위를 부여하면서 또 모으고 결합하는, 연대하고 통일하는, 더 나아가 부정적으로 분산·분리·분해하는 모든 종류의 운동의 특성을 만들면서 이 성격을 차지한다.

그런데 그는, 빼기와 다른 방식으로, 자아라는 규범적 약어의 끌어당기는 힘attrait*이 실행되고, 그 형태가 무엇이든지 간에 동일성이 지배하는 이 한정 없는 공간을 벗어나는가? 만약 그가 타자가 된다면, 그는 다만 그 자신이 도래하고 그가 책임져야 하는 간접적이고 (그런데 전혀 이차적이 아닌) 복합적인 관계를 가진 또 다른 자아autre moi가 될 뿐이지 않은가? 아니면, 다만 일자를 결여한 자 혹은 더 나아가 일자가 아닌 자로서 (배제의 엄격한 기호에 의해서 조정되고 그로 인해 쉽게 전체 안에 포함되는 부정으로서) 너무 쉽게 표시

---

* 'attrait'는 사람 혹은 어떤 것의 '끌어당기는 힘', '매력', '유혹'을 의미한다. 그로 인해 우리 마음에 어떤 '끌림'이 일어난다. 이 단어는 『문학의 공간』(L'espace litteraire)의 글쓰기의 '매혹'(fascination)과 같은 의미로 읽을 수 있을 것이다.

되는 것은 아닌가? 적어도 비-규정적인 항으로서 특화된 그가, 이어서 주요한 규정자로, 절대로 아무것에도 종속되지 않는 주어로서 규정되는 자아가 되기 위해, 동일자와 타자의 **관계** 그 자체—무한 혹은 불연속의 의미에서, 항상 이동 속에 있는 관계, 그리고 자기 자신에 대해서, 아무것도 이동해야 할 것이 없음에도 불구하고, 항상 이동 속에 있는 관계, 또한 자리가 없는 것의 이동의 의미에서—가 아니라면 말이다. 이런 관계 속에서 그는 어쩌면 한 단어, 다만 한 단어, 그런데 여분의 한 단어, 반드시 존재할 이유가 없는 잉여의 한 단어, 다만 한 단어일 것이다.

❖ 왜 그는 자신에 대해 이 끌어당기는 힘에 반한non-attrait 행동을 하는가? 그. 그는 문장에서 주요 한정사déterminant majeur(아무것에도 종속되지 않는 주어)에 의해 남겨진 빈자리를 차지하는 것에 만족하지 않는다는 것을 인정하자. 그는 쉽게 채울 수 있는 빈자리처럼 아주 가시적인 공백을 표시하는 그 자리를 빈자리로 남겨 두는 데 만족하는가? 그런데 그는 그 자리를 허울일 뿐인 단어, 즉 대체의 대체인 대명사로 채우면서 그 자리를 공허로 남겨 두는 데도 만족하지 않는다. 이때 대명사는 공허 이외에 다른 것을 지시하지 않으며, 이 공허가 드러나지 않는 만큼 더더욱 공허한 공허를 의미하며, 다만 비규정적인 것만은 아닌 비-용어에 의해 채워진다.

"그", "그"는 자신을 지시하는가?("il" s'indique-t-"il")라는 문장은 이중용법 안에서, 즉 반복이 아닌 반복 안에서(두 번째 그는 의문문의 불안정한 지위에서 동사를 바로 세우기 위해 첫 번째 그를 복구하고 다시 돌려준다면, 동사는 어느 쪽에 속하는가?), 우리가 중복법이라고 부를 수 있는, 그런데 두 번째 "그"가 순수한 중복이기 때문이 아니라, 그것이 여기서 마치 용법이 없는 것처럼 문장을 더 이상 분절할 수 없을 때까지 자신을 지우고 또 지우기 때문에 우리가 "중복법"이라고 부를 수 있는 진술 안에서 더 잘 지시되는가?

❖ 그. 글쓰기 주변에서, 투명한, 그 자체로는, 불투명한 그는 글쓰기의 기입을 가능하게 하고, 그것을 지우고, 그 기입 안에서 지워진다. 그를 표시하는 표시의 지움. 그런데 중성은 위험스럽게도 그를 고정하고자 하는 것처럼 보일 만큼 중성의 매력 아래 존재한다. 그리고 중성은 우리가 글쓰기의 중성성 안에서, 항상 이미 써진 것이 사라진(넘어간, 자빠진) 그 주변까지 그를 "따를" 경우, 모든 관계가 배제된 것 ―그럼에도 불구하고 (관계 그 자체의, 다수의) 상관적 양태 아래서만 절대적으로 지시되는 것 ―과의 관계를 가지도록 우리를 유혹하는 것처럼 보일 만큼 중성의 매력 아래 존재한다.

그가 대문자이건 소문자이건, 주어의 자리에 있든 없든, 중복법의 상황에 있든 없든, 이런저런 타자를 지시하거나, 어떤 타자도 지시하지 않거나, 다만 그 자신에 속한 표지만을 지시하거나 간에, 그는 어떤 동일성도 가지지 않는다. 인격적? 비인격적? 아직 그리고 언제나 저 너머. 그리고 그는 누구도 무엇도 아니기에 존재의 마술 혹은 비존재의 매혹을 보증인으로 가질 수도 없다. 현재로서 말할 수 있는 유일한 것은, 간계에 의해 우리는 그, 이 잉여의 말을 글쓰기의 주변에 놓는다는 것이다. 다시 말해 글쓰기가 글쓰기의 주변에서 지시될 때, 그는 글쓰기와 글쓰기의 관계이다.

❖ 현전도 부재도 아닌, 그는 우리가 더 이상 존재할 수 없는 상황들에서만 우리가 만날 수 있는 것의 방식으로 우리를 유혹한다. 살아남은—그 한계에서 살아남은sauf—sauf à la limite,[*] 그런 것이 있다면 우리가 "극단"이라고 부르는 상황들에서.

❖ 나와 타자의 관계, 생각하기가 어려운(그가 "철회할지도 모르는" 관계). 그것은 타자의 지위 때문인데, 타자는 항으로서, 혹은 동시에 항 없는 관계로서, 항상 그 둘은 교대하기 때문이고, 이어서 그가 "나"에게 제안하는 변화에 따라서, 나는 가설로서, 심지어 허구로서, 그런데 이미 균열이 난 같음의 법을 대표하는 규범적 약어로서 (반면 다시—이 조각난, 내밀하게 상처 입은 이 자아의 거짓 진술 아래서—생생한, 다시 말해 충만한 자아로서) 자신을 인정해야 하기 때문이다.

❖ **마치 어떤 부름이 숨 막히게 울려 퍼지듯이.**

❖ 글쓰기 주변에서 너 없이 살도록 강요된.

---

[*] 이 문장은 "예외적으로—그 한계에서 예외적으로"로 옮길 수도 있을 것이다. 데리다는 앞서 인용한 책(『해역』, p.89)에서 블랑쇼가 사용한 'sauf'는 형용사(살아남은)도, 그렇다고 전치사(…제외하고)도 아니고(그 둘 다), 심지어 마치 명사(예외)처럼 사용된다는 점을 지적한다.

❖ 그가 살고 있는 거기에서, 그에게는, 거의 기호 없이, 거의 자아 없이, 마치 글쓰기의 주변에서처럼, 이 말과 가까이, 겨우 말이 된, 아니 차라리 잉여의 이 말 가까이 사는 것은 아주 쉬웠다. 그리고 그것 안에서 과거의 어느 날, 부드럽게 받아들인 이 말로부터, 그저 한 단어일 뿐인 이 단어로부터, 그는 구원하지 않는 구원을, 그를 깨운 부름을 받았다. 그것은 이야기될 수 있다. 비록 그리고 특히 거기에 그것을 듣는 사람이 아무도 없을지라도. 어쨌든 그는 그것으로부터 그가 받은 부드러움을 가지고 그것을 다룰 수 있기를 원했다. 부드러움은, 그것이 그에게 준 그 자신에 대한, 또 그에 의한 모든 것에 대한 과도한 힘 때문에, 그와의 거리를 유지했다. 거의 모든 것에 대해, 항상 이런 무언의 가벼운 제한이, 암시가 있었다. 그리고 이 제한은, 이 가벼운 강요는 그에게 자주 그리고 그가 미소 짓는 제의祭儀에 의한 것처럼 관례적으로 말하는 방식들에, ─거의, 어쩌면, 겨우, 간헐적으로, 적어도, 또 다른 여타의 것들─즉 그가 잘 아는(그가 그것을 아는가?), 그에게 소중한 어떤 것, 반복의 가능성을 허용하는 기호 밖의 기호들에 도움을 청하게 했다. 아니, 그는 그 기호들로부터 그에게 오는 것들─"어쩌면" 자기도 모르게 경계를 넘어설 권리, "어쩌면" 단호한 긍정 앞에서 불안하고 게으른 물러섬─을 모를지도 모른다. 이때 이 기호들은 그가 이 긍정을 듣지 않고 거기에 있도록 하기 위해 그를 이 긍정으로부터 보호했다.

❖ 마치 어떤 부름이 숨 막히게 울려 퍼지듯이. 그런데 즐거운 부름, 정원에서 노는 아이들의 외침처럼. "오늘 나는 누구인가?", "누가 나의 자리에 있는가?" 그리고 즐겁고, 무한한 대답. 그, 그, 그.

❖ 그를 각성의 주변으로 인도하는 사유에서 아무것도 그에게 금지되지 않았다. 간계, 속임, 습관, 거짓말, 진실, 이 모든 것을 제외하고sauf(습관적으로 그가 기다리는 단어들 중의 하나), 이 모든 것을 제외하고sauf —. 그리고 그는 자신에게 속지 않았다. 비록 이 법이 변할 때조차 말이다. 그는 그 법을 온전히 보존하고, 또한 그것을 구한다.

❖ "우리는 그들에게 한 이름을 줄 겁니다." — "그들은 여러 이름들 중에 한 이름을 가지게 될 겁니다." — "우리가 그들에게 주는 것은 그들의 진짜 이름이 아닐지도 모릅니다." — "그럼에도 불구하고, 우리는 그들을 명명할 수 있습니다." — "그들이 식별될 때가 되면, 우리는 그들을 위한 한 이름이 있다는 것을 알려 줄 수 있을 겁니다." — "그들이 이 이름에 의해 불린 적도, 그것에 대답하고자 한 적도, 이 이름에 의해 명명된 적이 있다고도 느끼는 일이 일어나지 않을 그런 이름을 말입니다." — "그럼에도 불구하고, 우리는 그들이 여러 이름들 중에 공통된 한 이름을 가질 거라고 가정하지 않습니까?" — "우리는 그것을 가정합니다. 다만 그들이 지각되지 않은 채 보다 쉽게 지나갈 수 있도록 하기 위해서 말입니다." — "그때, 우리가 그들에게 말을 건넬 수 있다는 것을 어떻게 압니까? 당신도 아는 것처럼, 그들은 멀리 있습니다." — "그런 이유로, 우리는 우리가 일상적으로, 습관적으로 사용하는 이름들보다 더 많은, 더 좋은 이름들을 가집니다." — "그들은 그것이 자신들의 이름이라는 것을 모를 겁니다." — "어떻게 그들이 그것을 알겠습니까? 그들은 이름을 가지지 않는데 말입니다."

❖ 그것은 영원한 말장난의 주제, 무고한 놀이와 같았다. "당신은 그들을 거리에서 만난 적이 있습니까?" — "꼭 길에서는 아니고, 강가에서, 책을 읽으면서, 그리고 대중 속을 걸으면서, 그 안에서 자신을 잃어버리면서 만난 적이 있습니다." — "그것은 그렇게만 있을 수 있을 겁니다. 그리고 그들은 젊지 않습니까?" — "젊다고요?" 너무 많은 것과 연루되고, 너무 많은 것을 요구하거나 약속하는 이 단어에서 멈춰야 했다. 그는 다음과 같이 대답하면서까지 그 말을 절대로 포기하지 않았다. "그래요. 젊어요. 다른 말이 필요 없습니다. 어쨌든, 젊어요. 아무것도 그들의 나이를 그들 자신의 한순간으로 만들거나, 혹은 젊음을 나이의 특성으로 만드는 것이 없이 말입니다. 젊은, 그런데 마치 다른 시간에 속하는 것처럼, 따라서 그렇게 젊은 것은 아니고, 다만 젊게 보일 수 있도록 하기 위해 마치 젊음이 그들을 아주 예전에 속하는 것으로 혹은 아주 새로운 것에 속하는 것으로 만드는 것처럼 말입니다." — "그들을 관찰한 적이 있다고요! 그럴 시간이 있었습니까? 그것이 가능했습니까? 그것이 가능합니까?" — "사실은 가능하지 않았습니다. 그들을 만나는 것조차 가능하지 않았습니다."

사실, 그가 그를 떠났을 때, 골목들, 반짝이는, 생기가 넘치는, 다시 말해 죽은 도시가 아닌 골목들을 따라서 갔을 때, 그는 아무도 보지 못했다. 그런데 그것은 그가 그의 불멸성이라고 부르는 것의, 더 관대하게 말해서 그가 모든 이들의 친절이라고 명명할 수 있는 것의 결과일 뿐이다. 그리고 그들은 그에게 빛, 행복과 절망의 섬광으로 빛나는 자신들의 얼굴을 — 그가 그들을 본다면, 그 얼굴들은 얼마나 아름답고, 아름다울 것인가! — 보여 주면서 그를 그냥 지나가도록 내버려둔다.

❖ 불완전한 기억? 절대적인 거짓말? 비틀거리는 진리? 침묵의 욕망?

❖ …아픈 혹은 다만 명상에 잠긴. 분명하게 발음된 이 말들 각각을 놀람, 최후의 진리, 어쩌면 힘든―그런데 씩씩한, 흔들리지 않는―기다림으로 만드는 망각의 선물에 의해서 이 말들을 잊으면서.

❖ 그는 그에게 그것을 말하기를 원했다. 그것을 말하면서―누구에게? 혹은 그가 그것을 말했다고 말하면서―누구에게? 그가 말하고자 하는 것을 생각하는 이 방식 자체는 그가 그것을 말하는 것을 억제하도록 도와주었다. 비록 그가 허구적으로 그것을 놓을 수 있는 그 지점으로부터 이 생각하는 방식을 받았다고 혹은 그것을 받았다고 믿는다고 할지라도 말이다. 그것은 타자가, 부동의, 변하지 않는, 그런데 마치 동일성의 권리가 그에게 인정되고 동시에 거부되는 것처럼 항상 알아차리기 쉽지 않은 타자가 거기에 있기 위해서, 그는 거기에, 마치 거주지로 정해진 것처럼, 그에게 주어진 그 장소에 있어야 했기 때문이다.

그는 그에게 그것을 말하기를 원했다. 그런데 어떻게 말하기를 욕망할 수 있는가? 그 욕망이―비록 가장 조용한 말에 대한 가장 조용한 욕망이라고 할지라도―항상 미리 말을 파괴함이 없이 말이다. 그럼에도 불구하고 그는 그것을 말하기를 욕망했고, 그는 그것을 말할 것이다.

❖ 어떤 권리로, 어떤 부당한 권력으로, 그는 이 만남을 기도했는가? 그리고 만남을 기도하면서 그는 그것을 피할 수 없는 것으로 만들었는

가? 아니면 그 반대로 불가능하게 했는가? "그것은 다만 생각일 뿐이었다."─"물론 그렇다."─"그런데 그것은 또한 욕망이다. 우리가 그것을 욕망하면서만 생각할 수 있는 어떤 것."─"그것을 생각할 수 없이, 우리가 그것을 욕망한다는 것을 확신함이 없이."─"그것에 대해 위험을 무릅쓰고 말해야 한다. 그것에 대해 말하는 것이 항상 불운한 경솔함 때문에 너무 일찍 그것에 대해 말했던 것이라는 의혹을 가지고서라도 말이다."─"또한 다행스러운 경솔함을 가지고, 그것을 하지 않으면 안 된다."─"하지 않으면 안 된다고?"─"우리는 그것을 나중에야 알게 될 것이다."─"우리는 그것을 너무 늦게 알게 될 것이다."

말하기, 욕망하기, 만나기. 그는 이 세 단어를 가지고 놀이하면서 (그리고 여기에 빠진 네 번째 단어를 도입했다. 결핍의 놀이) 이 셋 중에 하나만을 우선적으로 혹은 선호해서 산출할 수 없다는 것을 깨달았다. 다만 우선적으로 그 하나를 놀이하는 것이 그것에 첫 번째 역할을 주는 것도, 전략적으로 희생된 카드의 역할을 주는 것도 아닌 경우를 제외하고. 어쩌면 그 셋을 함께 유지하기 위해 있는 놀이, 다만 그것들을 동일한 가치를 가진 요소들로도, 불평등한 요소들로도, 또 **같은** 놀이에 속하는 유사한 소여들처럼 생각함이 없이─파괴의 놀이가 되면서, 곧이어 이 놀이가 탁월함을, 그런데 곧 거짓된 탁월함을 획득하지 못한다면 처음부터 놀이를 파괴하는 것. 그럼에도 불구하고 그들에 대해서 말하는 것이 가능하기 위해서는 그가 그들을 만났어야 했다는 것(이런저런 방식으로. 그런데 그것은 중요하지 않다.), 그들을 만나기를 욕망하기 위해서는 (혹은 그가 그 만남을 욕망할 수 있었을지도 모른다는 것을 예감하기 위해서는)

그가 그들을 만났어야 했다는 것, 그리고 그가 그들을 만나기를 욕망하기 위해서는 (그가 그들을 절대로 만나지 못한다고 할지라도), 서로가 서로를 유지하는 공간에 의해 그리고 역사적 사건의 방식으로 그 만남이 채워지고 완수되는 공허 없이, 욕망은 그 만남을 위해 그를 준비시키고, 말은 그에게 그 만남에 적절히 대처하도록 마음의 준비를 시켜야 했다는 것은 사실로 남는다.

❖ 마치 기억은 모두에게 속하고, 망각은 누구에도 속하지 않는 것처럼 그는 기억의 차가운 행복 안에 있었다.

❖ 따라서 그는 항상 이미 일어난 것이고, 영원한 과거 속에서, 절대로 현재함이 없이 영원히 도래하는 이 만남을 잊었는가? 만일 시간─그들의 시간─이 돌아오기 위해 현재와의 모든 관계를 그들에게서 제거한다면, 어떻게 그는 현전의 순간에 도래할 수 있는가? 엄격한 법, 법들 중에 최고의 법 그리고 그 자체 시간에 속한 이 법은 그것이 적용되고, 적용되면서 긍정될 순간을 발견할 수 없었다. 예외적으로는? 정확히 그리고 은밀하게 제공된 이 예외는 법을 시험해 보고자 하는 유혹이 아니었는가? 마치 사유가, 이 세 단어*를 가지고서도, 이 사유 그 자체의 끝에 이를지도 모르는 것처럼.

❖ 모든 과거, 모든 미래에서 같은 가치를 가지는 회귀의 법은, 오해

---

* 우리가 사유할 때 사용하는 시간의 세 척도, 즉 과거·현재·미래를 지시한다.

로 인한 것을 제외하고, 너에게 어떤 가능한 현재 안에 어떤 자리도 허용하지 않으며, 어떤 현재도 네게 도달하는 것을 허락하지 않는다는 것만을 알아라. ─그런데 이 명령은 일어나지 않는다.

❖ "두려워." 이것, 내가 이 말을 하는 것을 그가 듣게 된 것은 그가 막 문턱을 넘었을 때다. 그리고 나를 두렵게 하는 건, 두렵기 위해서만 "나"를 사용하는 것처럼 보이는 이 조용한 말이었다.

❖ 동일한 것의 영원회귀. 동일한 것, 다시 말해 그것이 동일성의 규칙을 요약하는 한에서 나 자신, 다시 말해 현재의 나. 그런데 회귀의 요구는 시간에서 모든 현재의 양태를 배제하기 때문에 동일한 것이 동일한 것으로, 즉 나 자신으로 돌아오는 지금을 절대로 해방하지 않는다.

❖ 동일한 것의 영원회귀. 아이러니하게도 동일한 것의 법으로서 제시되는 회귀는, 여기서 같은 것은 최고의 주권자일 것인데, 반드시 시간을 두 입구(일단 주어지면 결코 통합되지 않는)를 가진 무한한 놀이로 만들 듯이 일어나지는 않을 것이다. 항상 이미 지난 미래, 항상 여전히 도래할 과거, 거기에 제3의 심급, 즉 현전의 순간은 배제되고 모든 동일한 가능성을 배제할 것이다.

어떻게 과거와 미래 사이에 어떤 연결도 없는 회귀의 법 아래에서, 하나가 다른 하나로 건너뛰는가? 그 법칙이, 그것은 도약의 법칙이라고 할지라도, 그 이행을 허락하지 않을 때 말이다. 과거는 미래와 같다고 사람들은 말한다. 따라서 단 하나의 양태 혹은 지연된 동일성이 차이를 규제하는 방식으로 작동하는 이중적 양태만이 있을 것이다. 그런데 그러한 것은 회귀의 요구일 것이다. 과거-미래의 모호성이 보이지 않게 미래와 과거를 분리하는 것은 바로 **"현재의 거짓된 모습에서"**다.

❖ 그들은 ─ 회귀의 법을 따라서 ─ 죽음의 이름, 사건, 형상만이, 그들이 죽음 안으로 사라지는 그 순간에, 그들에게 현전의 권리를 줄 것이라는 것을 안다. 그래서 그들은 불멸이라고 말해졌다.

❖ 그것이 과거이든 미래이든 아무것도 하나에서 다른 것으로의 이행을 허락하지 않는다. 그래서 경계선은 그것이 보이지 않는 만큼 더욱더 그것들 ─ 희망의 과거, 만기된 미래 ─ 을 표시할 것이다. 이때 시간만이 건너야 할, 항상 이미 건넌, 그런데 절대로 건널 수 없는, 그리고, "나"와의 관계에서 자리를 정할 수 없는 선으로 남을 것이다. 이 선을 정할 수 없는 불가능성, 그것만이 아마도 우리가 "현재"라고 부르는 그것일 수 있을 것이다.

"모든 것"이 되돌아온다고 가정하는 회귀의 법은 시간을 완성된 것으로 정립하는 것처럼 보인다. 모든 원들의 순환 밖의 원. 그런데 그 법이 고리의 한가운데에서 고리와 단절하는 한에서, 법은 완성되지 않는 시간이 아니라, 반대로 유한한 시간을 제시한다. 다만 우리가 홀로 유지할 수 있다고 믿는 이 현재 점, 그리고 이 점이 결핍할 때 무한성과의 단절을 도입하고, 이로써 우리를 영원한 죽음의 상태에서 살게 하는 이 현재 점을 제외하고 말이다.

❖ 항상 부재하는 현재를 위해, 사건은 미래를 텅 빈 과거의 예언으로 만드는 데 이르는 그런 과거를 위한 희망의 흔적과 다른 흔적을 남김이 없이 항상 사라졌다.

❖ 현재라는 거짓된 날 아래서 (텅 빈) 과거, (텅 빈) 미래. 책의 부재에서 그리고 그것에 의해서만 기록될 이야기들.

❖ 방은 어두웠다. 그렇다고 완전히 컴컴한 것은 아니고. 빛은 거의 너무 가시적이어서, 빛은 빛을 발하지 않았다.

❖ 조용한 말, 그런데 두려움을 가진.

❖ 그는 (어쩌면 법과의 동의에서) 다음의 사실들을 알고 있었다. 과거는 공허하고, 무수한 거울반사의 놀이만이, 즉 과거에 이르고 과거에서 유지되도록 정해진 현재가 있다는 이 환상은 과거는 사건들로 가득 차 있다고 믿게 할 것이다. 이 믿음은 과거를 덜 적대적이고 덜 무서운 것으로 나타나게 할지도 모른다. 이렇게 머무는 과거, 그것이 비록 유령일지라도, 우리가 (한 번 반복되면, 한 번, 두 번, 원하는 만큼 과거를 상기하는 것을 가능하게 하는 서술적 양태에서) 무고하게 살 권리를 인정할 것이다. 그런데 과거 그 자체는 영원히 취소된 것으로 동시에 취소할 수 없는 것으로 주어진다. 이것에 대해

서 그는 숙고한다(그런데 어떻게 일종의 유연성을 가지고 그것을 숙고하고, 반사하고, 회복하는가?). 이 취소할 수 없음은 우리가 이 사건들을 다시 사는 것을 불가능한 것으로, 결국 더 이상 어딘가에 놓을 수 없는 현재 안에서 이미 경험된 것으로 제시하면서, 그와 유사한 사건들만을 표시하는 과거의 공허를 그 특징으로 갖게 될 것이다. 이때 유사한 사건들은 공허를 감추기 위해서만, 그것을 피하면서 그것을 매혹하기 위해서만, 어쨌든 되돌릴 수 없음의 지표에 의해 그것을 알리면서만 거기에 존재한다. 그런데 취소할 수 없음은 절대로, 혹은 다만 한 번 일어난 것은 영원히 일어난 것이라는 사실을 말하는 것이 아니다. 그것은 아마도 과거는 공허하다는 것을 우리에게 (우리를 준비시키면서) 경각시켜 주는—인정하건대 이상한—수단일 것이다. 그리고 그것이 지시하는 종국—무한하고 덧없는 추락—, 사건들이 하나씩 떨어질 무한히 깊은 이 우물은, 그런 것이 있다면, 우물의 공허, 그 깊이를 알 수 없는 것의 깊이만을 의미한다. 그것은 취소할 수 없는 것, 지워지지 않는 것이다. 그렇다. 지울 수 없는 것이다. 그런데 그것은 아무것도 기입되어 있지 않기 때문에 지울 수 없는 것이다.

취소할 수 없음은 그것이 주는 현기증 때문에 "방금 도래한 것"을 한순간에, 현재에서 가능한 가장 멀리, 비-현재의 절대 안으로 떨어지게 하는 미끄러짐일 것이다.

방금 일어난 것은, 취소할 수 없음에 의해, 즉각적으로(이보다 더 빠른 것이 없이) "지독히 오래된 것"(그 안에는 아무것도 현재하지 않을 것인데) 안으로 미끄러지고 떨어질 것이다. 취소할 수 없음은, 이것의 관점에서 보면, 시간 안에서 시간을 제거하는, 가깝고 먼 것의 차이, 참조의 지표들, 그리고 시간적이라고 말해지는 척도들(동시대적으로 만드는 모든 것)을 지우고, 모든 것을 비-시간으로 매장하는 미끄러짐 혹은 덧없는 추락일 것이다. 그로부터 더 이상 아무것도 되돌아올 수 없을 것이다. 회귀가 없어서라기보다는, 거기에 뭔가가 떨어졌다는 환상을 제외하고는, 아무것도 거기에 떨어지지 않았기 때문에.

❖ 사건들은 과거에서만, 다시 말해 잘 정돈된 기억에 의해서, 그것이 무엇이든 약간의 의심을 가지고, 미래가 우리에게 약속하는 혹은 의심하게 하는 모든 것을 우리가 다시 기억할 수 있게 하는 기계에서만 실제적이라는 것을 인정하자. 그런데 과거는 항상 미래보다 덜 풍요롭고 또 항상 다른 것이 아닌가? 확실히 그렇다. 다만 과거가 무한히 공허하고, 미래가 무한히 공허해서, 각각이 가능-불가능, 혹은 취소할 수 없는-지나간 것을 흉내 내면서 공허가 주어지는 비스듬한 방식(다르게 기운 영사막)으로만 존재하는 경우를 제외하고 말이다. 또 영원회귀의 법칙이 과거에서 미래를 살고, 미래에서 과거를 사는 것과 다른 선택을 허락하지 않는 경우를 제외하고 말이다. 그런데 과거, 미래가 동일한 것의 순환을 따라 서로 교환되도록 요청됨이 없이 말이다. 왜냐하면 그 둘 사이에 있는 단절, 현전의 결핍은 단절을 통한 것과 다른 모든 소통을 방해하기 때문이다. 체험된 단절은 과거의 지나감 혹은 미래의 가능성이거나, 믿을 수 없는 영원회귀의 유토피아다. 우리는 영원회귀를 믿을

수 없다. 이것은 그것의 유일한 보장, "검증"이다. 이러한 검증은, 거기에서, 법의 요구이다.

❖ "지독히 오래된 것" 안에서는 아무것도 절대로 현재하지 않는다면, 또 막 산출된 사건이, 절대적이고, 덧없는 추락에 의해 즉각적으로 이 "지독히 오래된 것" 안으로 떨어진다면, 취소할 수 없음의 지표가 우리에게 그 사실을 알려 주듯이, 그것은 (여기서 우리는 추위를 예감하는데) 우리가 경험했다고 믿는 사건은 절대로 우리와 함께하지 않으며, 그것이 무엇이든지 간에, 어떤 것 하고도 현전의 관계를 가지지 않기 때문이다.

❖ **미래의 공허, 여기서 죽음은 우리의 미래다. 과거의 공허, 여기서 죽음은 자신의 무덤을 가진다.**

❖ **어떤 면에서,** 우리가 회귀의 법―동일한 것의 영원회귀―에서 유래하는 운동과 또 글쓰기 역시 그리고 우선적으로 회귀의 요구를 가진다고 말해야 한다면, 글쓰기의 시간인 이 운동에 의해 그 법에 가까워지자마자, 이 법―법 밖에서―은 모든 현재와 모든 현전을 정지시키거나 사라지게 하는 시간성이 표명되는 법정 혹은 토대를 사라지게 혹은 정지시키기 위해서, 우리를 이 시간의 시간성을 책임지도록 (가장 수동적인 수동성으로서 저 너머로의 발걸음을 따르도록) 이끌 것이다. 이것은 여기서 그 자체 항상 가역적인(미

궁) 불가역성의 운동일 것이다. 주를레이Surlej*에서 니체가 받은 계시는 모든 것이 돌아온다는 사실을 밝히고, 현재를 심연으로 만든다. 거기서는 어떤 현전도 일어나지 않고, "모든 것이 돌아온다"는 사실은 항상 이미 그 안으로 빠져든다. 그 법은 무언의 현재와, 현재에 의해, 평범한 미래―현재하는 미래―로 인정되는 도래하는 현재를 후려친다. 그래서 과거의 어떤 현재에도 절대로 속했던 적이 없는 것이 과거로 돌아갈 뿐인 것처럼(서술적 양태), 현재할 수 없는 것은 다만 미래로 다시 돌아갈 것이다(시적 양태).

❖ 한편으로 "모든 것이 돌아온다"는 사실은 더 이상 시간성 안에서 시간 그 자체인 시간과의 관계를 가볍게 하는 리듬을 허락하지 않는다. 즉 시간은 매번 "모든" 시간이고, "같은" 시간이다. "모든"과 "같은"이 여기서 그들의 지도력을 유지함이 없이 말이다. 과거, 현재, 미래, 이것들은 "모두 하나"일 것이다. 다만 이 하나가, 침몰하면서, 또한 이 구분들을 벌거벗은 차이들로 보내면서 그것들을 변형하지 않았던 그런 단일성이 아니라는 조건에서 말이다. 이것이 우선적이다. 그런데 다른 한편, "모든 것이 돌아온다"는 사실은 공간의 공적인 장소가 된 영원한 현재를 생각할 수 있게 하는 사방으로 늘어놓는 것에 의해 설명되지 않는다. 모든 것이 돌아온다는 사실은 "그 사실이 절대로 현재하지 않고 현재한 적이 없다는 조

---

* 주를레이는 니체가 영원회귀의 계시를 받았다는 스위스 실파플라나 호수 근처의 폭포 바위가 있는 산의 이름이다.

건에서 모든 것이 돌아올 것이고, 모든 것이 이미 항상 돌아온 것이라는 것"을 의미한다. 그런 한에서 모든 것이 돌아온다는 사실은 "모든 것이 돌아온다"는 사실을 배제한다. 그리고 이것은 "아무것도 돌아오지 않을 것"이라는 형태에서 일어날 것이다.

❖ 회귀의 요구는 따라서 현재 없는 시간의 요구일 것이다. 그 시간은 또한 글쓰기의 시간, 미래의 시간, 과거의 시간일 것이다. 그런데 그 둘의 근본적인 분리(모든 현재의 부재 안에서)는, 비록 이것들이 같은 것일지라도, 그 시간을 반복이 지닌 차이와 다르게 동일화하는 것을 방해할 것이다.

　과거, 미래 사이에 가장 큰 차이는 현재라는 공통의 척도를 가짐이 없이 하나가 다른 것을 반복한다는 사실에 있다. 마치 과거와 미래 사이에 망각이라는 단순한 형식에서 현재의 부재가 군림하듯이 말이다.

　무엇이 도래할 것인가? 모든 것, 다만 현재만을, 현전의 가능성만을 제외하고서.

❖ "당신은 다시 올 겁니다." — "나는 다시 올 겁니다." — "당신은 다시 오지 않을 겁니다." — "당신이 이렇게 말할 때, 나는 이 말을, 회귀에 의해 나는 거기에 존재하고, 따라서 나는 거기에 존재하지 않는다고 이해합니다. 그리고 나는 당신이 거기에 있었던 것은 예전에, 거기에 일치하는 어떤 현재도 있었던 적이 없는 아주 오랜 옛날이라고 이해합니다." — "그런데 난 여기 있습니다. 당신이 보듯이 말입니다." — "그래

요." 그는 아주 심각하게 말한다. "나는 거기에 있습니다. 그 사실을 잊는다는 조건에서, 어떤 때는 그것을 기억하고 어떤 때는 그것을 잊으면서. 그럼에도 불구하고 기억을 내버려두면서, 기억하고, 잊는 누군가도 없이 망각이 일어나고 그치도록 내버려두면서 말입니다."

❖ 써지기도 전에 지워진. 여기서 흔적이라는 말이 받아들여질 수 있다면, 그것은 한 번도 써진 적이 없는 것을 삭제된 것으로서 지시하는 지표index로서일 것이다. 따라서 우리의 모든 글쓰기는—그것은 모두를 위한 것이고, 그것이 항상 모두의 글쓰기라면—현재에서 써진 적이 없는, 그럼에도 불구하고 도래할 과거 안에서 써진 것에 대한 염려일 것이다.

❖ "참 오랜만입니다." 방금 그를 봤을 때조차 그는 이렇게 말했다. 사실 시간이 필요했다. 그렇게 크지 않은 방에서, 그럼에도 아주 넓어서, 그에게 가기 위해, 한 테이블을 지나 또 다른 테이블을 지나, 어쩌면 또 다른 테이블을 지나야 했다. 마치 도시를 가로지르는 좁은 골목길을 따라 걸어야 하는 것처럼.

❖ "우리는 그것들을 사랑할 겁니다."—"우리는 그것들을 이미 사랑합니다."—"그것들은 이 사실을 모릅니다."—"그것은 우리의 행운입니다."—"그것들은 우리가 그것들에게 기대하는 것이 무엇인지 전혀 모릅니다."—"그것들은 전적인 무지 속에 삽니다. 이 사실은 그것들을 아주 아름답고 활기 있게 만듭니다."—"그것들은 우리를 불안하게 합니

다."―"우리는 그것들을 불안하게 합니다." 그것들은 젊고 아름답고 활기에 차 있었다. 그는 이 모든 말들을, 유령들조차도 빠질 수 없을 정도로 아주 무고한 이 함정들을 인정했다. 또한 다른 말들이 이 말들을 보호하고 있는 것 안에서 그것들을 그 이상으로 끌어당기거나 그것들에 도달함이 없이 발설될 수 있다는 것을 알아야 한다. 유일한 위험, 무고한 위험은 이 다수로 존재할 권리로부터 온다. 이 권리는 그것들을 이런저런 것으로 바꾸면서 그것들이 다수로만 들을 수 있는 부름으로 천천히 그것들을 인도할 위험을 가진다. 함께? "우리는 이보다 더 아름다운 것을 보지 못할 것이다."―"이 용어는 적절합니까?"―"그것들은 우리가 알아차리기에는 너무 아름다울 겁니다."―"나는 우리가 사물들을 각각의 자리에 정돈하는 것을 그것들이 좋아할 거라고 믿지 않습니다."―"운이 좋게 그것들이 차지하지 않는 이 자리." 행복은 거기에 있었다. 그것들을 모든 것으로부터 보호하는 행복. "그것들은 그 사실을 모를 겁니다. 그것들은 함께할 때만 가장 아름다울 겁니다."

❖ 그는 자신도 모르게 희망하고, 두려워한다는 사실에―이 두 말의 한계에서―놀란다. 멜랑콜릭한 놀람.

❖ (죽다) 아주 먼 전설, 아주 오래된 말은 알려지지 않은 시간의 양태가 있다는 꿈 같은 사유를 제외하고는 아무것도 상기시키지 않는다. '현전에 이르다'라는 표현은 '죽다'와 마찬가지로 매혹적이다.

❖ 그의 친절한 환대는 아마도 막 그의 집을 떠난 후 그가 기억하기 시

작한 이 말들에서였을 것이다. "당신이 여기에 와서 이 작은 방을 발견한다면 ─그런데 그가 한구석에서 중얼거리면서 그를 기다리며 머물렀던 그 방으로 내려가는 세 개의 계단 때문에 그렇게 작지 않은─, 그리고 결국 그 방이 텅 비었다는 것을 당신이 발견한다면, 그것은 확신하건대 전혀 당신이 없어서가 아니라, 내가 당신의 우정에 걸맞은 태도를 보였기 때문일 겁니다." ─ "그런데 정말 방은 비었습니까?" ─ "전적으로 그렇지는 않습니다. 우리가 거기에 있었기 때문에, 마치 우리가 도시에 대해서 도시가 텅 비었다고 말하듯이 말입니다." 그가 주인들의 최대한의 침묵에 인사하기 위해 거기에 오지 않았다면, 그것은 아마도 그날 이래로 그리고 그가 다만 아주 드물게만 그 방을 있었던 그대로 직면할 수 있었던 그와 같은 친절에 자신을 노출하지 않기 위해서일 것이다.

❖ 배가된 말, 다시 말해 벙어리, 그리고 이 말, 침묵의 타격에 의해 조금 가벼워진 이 말은 울리지 않는 여분의 말일 것이다. (그는) 이 탁음을 가진다. 비록 우리가 차례차례로 그리고 같은 어설픔으로 그 말을, 자물쇠로 굳게 잠긴, 그러나 접근 금지를 가장하면 접근을 허용하는 그 문을 통해 누구나 무한 공간에 접근하기 위해 교묘히 피해 갈 수 있는 묵직한 문으로, 혹은 모든 것 ─모든 말─이 사라질 수 있는 우리가 알 수 없는, 더욱이 모든 난관들 중에서 가장 건널 수 없는 어떤 투명성이나 어떤 우주의 공허로 표상할 수 있다고 할지라도 말이다.

❖ 그는 자아의 진리를 (그 진리를 동일성의 법칙의 규범적 약어와 다른 것으로 변형함이 없이) 짊어져야 한다는 것을 깨달았다. 그가 한 번도 건넌 적이 없는, 그리고 놀이에서 채택된 지시와 다른 지시를 받을 수 없는 이 투명성 안에서, 자아가 그 자신을 유지하도록 돕고자 했다면 말이다.

❖ 모든 말들은 어른이다. 말들이 울리는 유일한 공간만이, 말들이 사라진 한참 후에도 아이들의 즐거운 비명소리가 계속 들리는 정원처럼 무한히 공허한 공간만이 그 말들을 항상 태어나는 것 같은 영원한 죽음으로 인도할 것이다.

❖ 건널 수 없는, 어떤 반사도 되돌아오지 않는 투명성, 다만 비가역성의 지표로서 되돌아오는 것을 제외하고.

❖ 그는 최초의 걸음들, 최초의 경고들, 예상할 수 없었던 우정의 징후들, 전혀 알아차리지 못했던 유혹들을 상기했다. "당신은 그들을 어디에 두었습니까? 그들은 무엇을 찾습니까? 당신은 무엇을 찾습니까?" 어떤 찾음도 없었다. 테이블들이 늘어서 있던 그 방은 그것이 무엇이든지 간에 무언가를 발견하고자 하는 욕망에서 그를 자유롭게 했다. "적절한 이름…, 펼쳐져 있는 책…, 그들이 걷는 길…." 그것은 중얼거림, 거짓된 위로였다. 그리고 갑자기, 생각해 보세요. "나는 우리가 뭔가가 일어난 장소들을 좋아할 거라고 생각했습니다."―"즉 우리가 이야기할 수 있는 것들, 기억할 수 있는 것들 말입니까?"―"우리는 그렇게 엄

격하지 않습니다. 다만 어떤 것."—"권태감을 누그러트리거나 고조시키는 어떤 것."—"우리는 지루하지 않습니다."—"우리는 그럴 수도 없습니다."

❖ (그) 금지된 열림. 이 이름이 간신히 지시한 말은 바로 이것이었다. 그리고 이것은 누구도 지시하지 않으면서 그리고 어쨌든 더더욱 간접적으로 이 규정된-규정되지 않은 이 정확한 점, 이 우주의 공허와 관계하는 것처럼 보이는 간접적인 지시에 의해, 아주 탁월한 방식으로 이 이름을 지시한다. 금지된 열림. 그것은 금지이면서 금지가 아니라는 조건에서—그것이 어떤 형식이던지 간에—열림의 무한한 가능성을 밝힐 것이다.

가장 어려운 것은 마치 그가 항상 같고, 우리가 그를 파악하기로 했던 그 같은 장소에 항상 있는 것처럼, (그)의 정체를 밝히거나 고정하기를 시도하지 않는 것이다. 가장 단순한 문장에서 (그)는 다소 그 문장과 거리를 가진다는 사실, 아니 차라리 분절이 자신의 놀이를 위해 준비하는 공허한 매 순간, 그가 받아들이는 것처럼 보이는 주체의 역할에서 그를 파면시킨다는 사실. 따라서 (그)는 무한히 중복되면서 분화된다. 문장을 던지면서 주어의 기능을 유지하는 주어로서 그는, 또 다른 그의 알리바이로서 존재한다. 이 다른 그는 어떤 역할도 하지 않으며, 어떤 기능도 대신하지 않을 것이다. 다만 분석이 나중에, 매번 되잡고자 다시 파악하는 무한 연속 안에서 보이지 않게 반복하면서 자신을 무위로 돌리는se désœuvrer 기능을 제외하고 말이다. 그러나 이것을 위해, 그 연속의 끝에는 동일성의 규칙을 형성하는 일을 책임지기 위해 단지 "나"라고 말하기 위해서만 거기에 존재할 수 있는 어떤 나 자신이 필요했던 것처럼 보인다.

❖ 그들을 만나고자 하는 욕망은 지붕 위에 눈의 침묵과 마찬가지로 그에게 친숙한 것이었다. 그런데 혼자서, 그는 이 생생한 욕망을 유지할 수 없었다.

❖ 그것은 마치 아주 오래전에 사라진 책들이 다만 지독히 오래된 과거만을 상기시키는 그리고 말이 없는 것처럼, 마치 지독히 오래된 과거의 중얼거리는 목소리 이외에 다른 말이 없는 것처럼, 아주 나중에야, 한 시대에만 써질 책의 여백에 글을 쓰는 것과 같았다.

❖ 마치 이 무한한 대답과 다른 것을 요구하지 않는 만큼 더더욱 드러나는 어떤 요구에 대답했어야 했던 것처럼 말이다.

❖ 어떤 면에서, 영원회귀가 망각의 너울 아래서 현재 없는 시간, 다시 말해 전적으로 다른 긍정의 양태의 요구를 드러내기 위해서는, 현전─절대 만족─은 담론의 완성에 의해 실현되어야 한다. 니체는, 확신하건대, 헤겔에 앞서서 태어날 수 있다. 그리고 확신하건대, 그가 태어났을 때, 그것은 항상 헤겔에 앞서서다. 바로 여기서부터 우리가 그의 광기라고 부르는 것, 즉 필연적으로 조산의, 항상 예고된, 항상 현실적이지 않은, 따라서 아무것도 그것을 현실

성—지금, 과거(기원), 혹은 미래(예언)—에 의거해서 확인할 수 없는 관계가 존재하게 된다. 만일 우리가 광기는 이성에 앞선 일종의 이성이라고 말하는 것에 만족한다면, 우리는 광기와 이성 둘 다에 대해 잘못 생각하는 것이다. 어쩌면 니체가 환대했을지도 모르는 "우리가 더 이상 광인이지 않기 위해 그들은 이미 광인이었다"라는 문장도 여전히 본질적으로 유일한 시간의 개념과 결합하고 화해할 수 있는 단순히 시간적인 관계를 전제한다. 이 시간 자체는, 그것이 사유된 것인 한에서, 그것이 거대한 체계에 속하기 때문에 자신의 고유한 생성으로부터 빠져나간다. 이런 관점에서, 광기 전에, 문자 이전에 지혜로운 자는 광인이다. 그런데 **다른** 광기—그것을 가둘 다른 이름이 없는 광기—는 비록 시간적이라고 불릴지라도 그것을 시간에 복종시키는 모든 것을 피해 가는 무한하게 다수인 관계일 것이다. 이런 것은 시간의 바깥일 것이다. 광기는 따라서 법의 언어에 의해서만 명명될 것이다. 그 법은 광기를 그것의 최상의 상태에서 그 법에 앞선 것으로, 항상 법을 앞서는 것으로 지정한다. 그런데 법은 그 자체 어떤 것도 그 자체를 앞설 수 없는 불가능성을 함축한다. 따라서 광기는 없다. 그런데 광기는 **존재할 것이다**. 항상 괄호 안에 넣어져야 하는, 조건 없는 조건 아래서 실제적 가능성으로서 광기의 실존으로 존재할 것이다. 이것은 "광기"가 또한 인정하는 것이다. 왜냐하면 그 자신을 포함해서 모든 것을 자신 안에 넣고자 하는 괄호는 광기의 광기이기 때문이다.

❖ 니체(그의 이름이 영원회귀의 법을 명명하는 데 사용된다면)와 헤겔

(그의 이름이 모든 것을 현전으로, 현전을 모든 것으로 생각하도록 이끈 다면), 이 두 이름은 우리가 한 신화를 그리는 것을 허락한다. 니체 는 헤겔 이후에만 올 수 있다. 그런데 그가 오고 또 오는 것은 항상 헤겔 전이며, 그것은 항상 헤겔 후다. 절대로서 사유, 현전조차도 절대로 그 자신 안에 완성된 지식 전체를 모을 수 없기 때문에 니 체는 헤겔 전이다. 현전이 자신이 절대라는 것을 안다고 할지라도, 그 지식은 상대적인 지식으로 남는다. 왜냐하면 지식은 실질적으 로 완성되지 않으며, 다만 실질적으로 만족되지 않고 전체로서 현 전과 화해할 수 없는 현재로서만 알려지기 때문이다. 그래서 헤겔 은 유사-헤겔일 뿐이다. 반면, 니체가 가져오는 법은 현재로서 시 간의 완성을 전제하고, 그 완성 안에서 그것의 완전한 파괴를 전제 하기 때문에 니체는 항상 나중에 온다. 그래서 이때 시간의 유일한 심급들로서, 그리고 동일한 그런데 관계를 가지지 않는 심급들로 서 과거와 미래를 긍정하고, 미래를 모든 현재로부터, 과거를 모든 현전으로부터 해방시키는 영원회귀는 무한한 긍정에서조차—어 떤 형태도 가지지 않고 절대로 현재일 수 없는 것이 무한히 돌아 오는 미래에서, 또 마찬가지로 과거의 현재에 절대로 속하지 않 고, 거기서 어떤 형태도 가지지 않는 것이 무한히 돌아오는 과거에 서—사유를 산산조각 낸다. 이제 니체에게서는 삶과 사유의 요구 가 있게 된다. 그리고 글쓰기만이 이러한 요구에 응답할 것이다. 다 만 로고스와 같은 완성된 담론이 글쓰기가 자신을 선언하거나 지 지할 수 있는 모든 토대를 글쓰기에서 제거한다는 조건에서, 또 글 쓰기를 위협에, 이제 누구도 감히 광기의 글쓰기라고 명명하지 않

는 것의 공허한 위엄에 노출시킨다는 조건에서 말이다.

❖ **"모든 것은 돌아온다"**는 광기. 그것은 첫 번째 단순한 특징으로 서로를 배제하는 과장된 형식들 혹은 관계들을 가진다. 그것은 헤겔의 언어 안에서 그 언어를 파괴할 뿐인 것을 정식화한다. 그런데 이 정식화는 우연한 시대착오가 아니다. 시대착오는 여기서 필연적이다. "이념적 늦음"이란 표현은 그 시간을 가장 적절하게 표현한다. 그 시간이 자신 안에서 그리고 그 시간 자체를 파괴하는 완성의 엄격성에 의해 완수되고 완성된 것만을 파괴할 수 있는 것과 마찬가지로, **"모든 것이 돌아온다"**는 것은 전체성의 로고스다. "모든 것"이 돌아오기 위해서 전체성은 담론과 실천으로부터 그 의미와 그 의미의 완성을 받아야 한다. 그리고 현재는 현전의 전체성 그리고 현전으로서 전체성이 긍정되기 위해 유일한 시간의 심급이어야 한다. 그런데 **"모든 것이 돌아온다"**는 것은 회귀의 무한이 모든 것의 순환의 형식을 취할 수 없다는 것을 결정하고, 어떤 회귀도 현재에서 긍정될 수 없다는 것을 결정한다(이 현재는 미래이거나 과거의 현재이다). 다시 말해 모든 가능성, 즉 현전의 경험의 배제와 현전 없는 시간의 긍정에 의해서만 긍정될 수 있다. 다시 말해, 모든 긍정으로부터 자유로운 이 긍정은 현전 없는 시간에 의존할 것이다. 모든 것이 돌아온다는 사유는 시간을 파괴하면서 시간을 생각한다. 그런데 시간을 시간의 두 개의 심급으로 환원하는 것처럼 보이는 파괴에 의해서 시간을 무한으로, 현재의 영원성을 무한한 부재로 환원하는 무한, 단절의 무한성, 혹은 중단으로 생각한다.

이것을 말하면서 우리는 아무것에 대해서도 말하지 않는다. 우리는 회귀로부터 우리에게 오는 요구에 따라 회귀를 긍정하기 위한 언어를 가지지 않는다. 그리고 언어는 니체가 죽음의 욕망에 의해 불가능한 긍정에까지 그것을 가져가고자 욕망했을 때, 니체 안에서 무너졌다.

❖ 자신의 주의를 깨우기. 이를 위해 그는 아무것도 할 수 없었다. 경계심의 공허만이, 그런데 부주의로 산만해진 부재만이 그에게 남은 채로 항상 깨어 있을 뿐이었다.

❖ 그 법을 위반*하고자 하는 희망은 위반 그 자체의 운동 안에서, 그 희망을 동등한 법―그 상급의 힘이 무엇이든지 간에, 다시 위반해야 하는 법―을 정립하는 것으로 이끌 뿐인 실망과 연결되어 있었다. 항상 다시 상급의 법을 정립하면서, 법에서 그것의 위반으로, 그리고 이 위반에서 다른 법으로의 이행을 법의 영원한 욕망을 지지할 수도 있는 유일한 범법행위로 만드는 것과 달리 그 위반에 도달하고자 하는 희망도 없이 말이다.

❖ 행운과 은총을 비교하면서 우리는 이 둘이 법과 가지는 어떤 관

---

* '위반한다'(transgresser)라는 이 단어는 trans=au-delà(너머)와 gresser=aller(가다)가 결합된 말로, 말 그대로 어떤 경계를 넘어감을 의미한다. 그것이 법인 경우, 법의 위반, 그것이 죽음인 경우 삶과 죽음의 경계를 넘어감을 지시한다. 이 말은 이 책의 제목인 '저 너머로의 발걸음'(le pas au-delà)과 같은 의미를 가진다.

계를 규정할 수 있다. 은총은 법을 전적으로 긍정하면서도 법을 고려하지 않는 정당화되지 않은 증여다. 은총 없이는, 법을 존중하는 것, 다시 말해 일정한 거리를 가지고서 그것을 유지하는 것조차 불가능할 것이다. 그런데 법은, 항상 그 자신의 절대적인 요구 안에서, 그리고 법이 규정하고 법을 규정하는 한계에 의해, 불가능한 법의 준수를 가능하게 하기 위해 은총의 도움이 도래하는 것을 견디지 못한다. 법은 공허한 권위로, 이것에 직면해 누구도 견딜 수 없을 것이며, 어떤 매개에 의해서도, 심지어 법에 접근하는 것을 가능하게 하는 은총의 너울에 의해서도 완화될 수 없는 것이다.

법은 자기 자신을 위반할 수 없다. 왜냐하면 법은 법의 위반-범법행위의 관점에서만 그리고 이 위반-범법행위가 산출한다고 믿는 단절에 의해서만 존재하기 때문이다. 반면 범법행위는 그것이 단절하거나 도전하는 것을 정당화하고 그것을 당연한 것으로 만드는 것과 다른 것을 하지 않는다. 법의 순환은 다음과 같다. 한계가 있기 위해서는 넘어섬이 있어야 한다. 그런데 넘어설 수 없는 것으로서 한계만이 넘어서라고 요청하고, 예측할 수 없는 운동에 의해 이미 그 선을 넘어선 욕망(헛발질faux pas)**을 긍정한다. 금지는 금지의 시선 안에서만 욕망하는 욕망에 의해서 구성된다. 그리고 욕망은 욕망 그 자체가 금지인 것으로서가 아니라, 금지(의) 욕

** 여기서 블랑쇼는 'faux pas/헛발질'을 동음이의어 'faut pas'로 읽는다. 즉 'il ne faut pas/…해서는 안 된다'는 금지로 읽고 있다. 헛발질(faux pas)은 1943년 출간된 블랑쇼의 에세이 제목이기도 하다.

망으로서 자신을 욕망하면서 해방되는 금지이다. 그리고 욕망은 욕망의 대상이 뿜는 광채, 호의, **은총**을 자신의 것으로 취한다. 비록 그 대상이 치명적일지라도 말이다. 법은 죽음을 형벌로서 가지는 계명으로서가 아니라, 법의 얼굴 아래에서 죽음 그 자체로 드러난다. 이 죽음은, 그것이, 비록 욕망의 죽음으로서일지라도, 욕망된 죽음이기 위해, 마치 욕망이 죽음 안으로 스며든 것처럼 욕망을 지탱하는 죽음이기 위해, (법에 반한) 욕망이 죽음을 피해 가는 대신에, 궁극적 목적으로서, 죽을 때까지 욕망하는 것으로서 자신에게 주는 것이다. 법은 죽인다. 죽음은 항상 법의 지평이다. 네가 이것을 하면 너는 죽을 것이다. 법은 그것을 준수하지 않는 자를 죽인다. 그리고 그것을 준수하는 것, 그것 또한 이미 죽음일 것이고, 더 이상 어떤 가능성도 없을 것이다. 그런데 그 준수가 어찌 되었든 불가능한 것처럼—만일 법loi이 절대적 법Loi이라면—그리고 어쨌든, 항상 불확실한, 항상 실행되지 않는 것처럼, 죽음은 죽음에 대한 사랑만이 그 방향을 바꿀 수 있는 유일한 종국으로 남을 것이다. 왜냐하면 죽음을 사랑하는 자는 법을 사랑스러운 것으로 만들면서 그것을 공허하게 만들 것이기 때문이다. 그러한 것은 은총의 우회일 것이다.

은총은 죽음에서 우리를 구원하지 않는다. 그런데 은총은 죽음의 도약—남김 없는 또 어떤 주의도 없는 도약—을 선고도 구원도 걱정하지 않는 무관심한 운동으로 만들면서 죽음의 선고를 지운다. 그러한 운동은 어떤 무게도 없는, 측정되지 않는 증여, 가벼움의 증여, 항상 가벼운 증여다.

그런데 은총은 항상 누군가에 의해 행해진 증여, 유일한 증여, 유일한 자의 증여가 아닌가? 은총은 그 기원에 대한 기억에 의해서만, 항상 증여의 힘과 덧없고 행복한 것으로 체험되는 개인적이고 기억할 수 있는 관계를 가짐으로서만 은총이 되는 특징을 가지지 않는가? 은총은 자신을 잊으면서, 그것을 베푸는 자에 대한 그리고 주는 자에서 오는 사랑의 회상에 의해 그 지상권이 주어지는 운동 안에서만 은총일 것이다. 이것에 의해 법과의 차이가 나타난다. 왜냐하면 법은 비록 그것이 탁월한 증여로 주어진 것일지라도(모세의 십계명) 그 자체 법으로서 긍정되며, 그보다 더 높은 것과의 어떤 연관도 가지지 않기 때문이다. 홀로, 순수한 초월성으로 존재한다. 그래서 법은 자신에 대한 자신 너머에 대한 어떤 질문도 허락하지 않으며, 법은 대답만을, 정확한, 어두운, 준엄한 대답만을, 그런데 기계적이 아니라 반성되고 연구된, 항상 연구와 인내와 끝없는 복종에 의해 더 정확해진 대답만을 기다린다. 법―유일한 법과 유일한 자의 법―은 자신의 기원에 대한 망각과 그 자신의 고유한 요구에 의해서만 법이다. 이런 것은 법이 자신과 다른 외재성을 가지지 않고자 하는 것으로부터 나온다. 이런 의미에서 법은 익명적이며, 그것이 기껏 표상하는 고갈에 의해서만 그것이 솟아날지도 모르는 원천을 지시한다.

　법은 "너에도 불구하고"라고 말한다. 이때 너나들이tutoiement는 아무도 지시하지 않는다. 은총은 "너 없이, 무엇이든지 간에 어떤 것을 위해 네가 거기에 존재함이 없이 그리고 마치 그것이 너의 부재 안에 존재하는 것처럼"이라고 말한다. 그런데 누군가의 부재만을 지시하는 것처럼 보이는 이 너나들이는 관계의 내밀성과 특이성singularité을 회복한다. 운은 법과 은총의 이 두 특징을 연결한다. 운은 놀이에 의해서만 도래한다. 그리고 놀이는 특별한 누군가에게 말을 걸지 않는다. 운이 있는 자는 그것이 없으며, 자기 자신을 위해서도, 자기 자신 때문에 그것을 가지지도 않는다. 운의 "너 없이"는 너나들이에 의해, 익명을 위해 우리를 자유롭게 한다.

❖ 운은 우연의 다른 이름일 뿐이다. 그것이 행운이든 악운이든 운은 항상 운이고 항상 행운이다. 마찬가지로, 은총은 초월성에 의존하는 극단의 은총을 포기함이 없이도, 은총을 상실할 수 있다. "나는 운이 있다"는 말은 따라서 "그것은 우연이다"라는 것을 의미한다. 더 정확히 말하면 "나"와 법의 필연성 사이에는 금지의 관계가 있다는 것을 말한다. 그 관계는 물론 법으로부터 오는데, 항상 이미 법으로 되돌아가는, 법 그 자체를 금지하는 데까지 이르고, 결국 단절의 관계를 촉발하는 금지의 관계가 있다는 것을 의미한다. 금지는 법을 주조한다. 바로 여기에 추문의 사건이 있다. 법은 금지에 의해 주조되고, 이로부터 가장 간계한 방식(법의 장엄한 간계)으로 다른 법을, 보다 상위의 법을, 다시 말해 더 타자적인, 금지가 도래한다고 가정되는 타자성과의 보다 결정적인 관계 안에서 법을 세운다. 우연―시간의 시간 밖을 따라서 법을 괄호 안에 넣는 운 혹은 은총―은 따라서 다른 법의 재판소에서 다시 도입된다. 그리고 이 법은 다시 자신의 차례가 되어… 이제 남은 것은 합법적이지도 우연적이지도 않은 어떤 관계 안에서 위반으로부터 항상 **다른 법**

을 정립하는 운동을 규정하는 것이다. 이것은 마치 법으로부터 출발해서, 마치 그 자신의 타자로서 위반, 즉 타자성의 운동, 법 없이, 우연 없이, 부정적인 것에 의해 절대로 우리가 명명하지 않는 운동을 규정하는 것과 같다.

"난 운이 있다"라는 강하고 뻔뻔한 정식. 사실 운이란 항상 박탈되고 그 속성을 상실할 수 있기 때문이다. 놀이의 이름으로 말하는 것, 그리고 놀이꾼에게 이 말은, 나는 박탈된 것을, 박탈의 관계를 가진다는 것을 소유한다는 것을 의미한다. 이것은 운을 위한 운은 없다는 것을, 유일한 운은 운이라고 불릴 수 없는 익명적 관계 안에서만 존재한다는 것을 의미한다. 혹은 이런 운만이 만기가 되지 않으며, 중성은 운에 자신을 내맡기면서 운을 잡을 것이다.

❖ 초월과 위반. 이 둘은 우리가 의심할 수 없을 정도로 서로 아주 가깝다. 위반은 초월이 가진 신학적인 의미를 멀리하면서 초월을 명명하는 덜 유해한 한 방식이 아닌가? 위반은, 그것이 도덕적이건 논리적이건 철학적이건 간에, 한계의 사유 안에서, 그리고 또한 모든 사유 안에서 절대로 그리고 항상 한계의 완성된 건념을 도입하는, 생각하는 것이 불가능한 이 경계 안에서, 신성한 것의 여백을 계속 암시하지 않는가? 그 인식론적인 엄격성 안에서 단절이라는 개념도 비록 그것이 메타포의 이름으로라고 할지라도, 우리가 항상 동의할 준비가 되어 있는 추월(혹은 단절)의 힘과의 모든 타협을 쉽게 한다.

❖ 운은 다만 법과 주목할 만한 관계를 가지는 것은 아니라, 욕망과도 마찬가지로 모호한 관계를 가지며, 가지지 않는다. 한편으로 이 사실은 그렇게 놀랍지 않을 것이다. 왜냐하면 법은 금지의 내기에 의해 욕망을 끌어당기는 놀이의 공간에서만 욕망이 있을 것이라고 주장하기 때문이거나, 동시에 욕망은 법을 그 자신의 놀이로, 혹은 그 놀이를 자신의 고유한 법으로, 혹은 법을 욕망의 결핍이나 포기의 유일한 산물로 만든다고 주장하기 때문이다. (이 사실은 '욕망은 항상 이미 그 욕망을 무한한 것으로, 결핍이 없는 결핍으로 만드는 자신의 고유한 결핍, 공허 그 자체가 아닌가?'라는 질문으로 인도된다.) 그런데 다른 한편, 운과 욕망은 서로 교환할 수 있는 것이 아니다. 욕망은 항상 욕망에 의해서만 운이 있다고 말할 준비가 되어 있으며, 욕망은 유일한 운이라고 말할 준비가 되어 있다. 이것은 욕망의 "법"과 욕망 안에서 법에 남아 있는 것 ─욕망하고 싶지 않은 것─에 일치한다. 운이 문제일 때, 그것이 죽음과 같은 욕망의 정념과 관계하기를 그치지 않는다면, 그것은 욕망을 다르게 긍정하기 위해서다. 즉 욕망은 운을 욕망해야 하고, 이때 욕망은 순수한 욕망이라는 것을 긍정하기 위해서다.

그런데 운은 그것을 명명하는 것에 의해, 우리를 농락한다. 다만 같은 운동 안에서 우리가 운을 농락하는 데 "성공"하는 경우를 제외하고 말이다. 우리가 "글쓰기는 운을 찾는 것이다"라고 쓸 때, 그것을 쓰는 자는 적절한 부적절함을 가지고, 통제되지 않은 격렬한 반대에 과감하게 맞선다. 왜냐하면 이렇게 쓰면서 이미 빠져나간 운과의 관계를 세워야 하기 때문이다. 그리고 운이라는 것이 찾는다고 찾아지지 않는 것처럼, 그것은 그 탐색을 운으로 인도하는 운동으로서가 아니라 운의 내기로, 즉 법 없이 운을 지배하는 그런데 글쓰기가 행해지는 공간을 한정하는 규제된 엄격성을 가지고 놀이의 닫히지 않은 닫힌 원환으로 만들어야 하기 때문이다. 운을 찾으면서, 글쓰기가 운이기 위해 글쓰기의 모색과 다르지 않게 운에 도달할 때 말이다.

글쓰기, 그것은 운을 찾는 것이고, 운은 글쓰기의 모색이다. 우선 운이, 그것이 보이든 보이지 않든, 경계선―행과 불행, 놀이와 법이 제로 혹은 무한의 균열에 의해 **분리되고** 동시에 **교환되는**, 그런데 상호성, 대칭, 더 나아가 척도와 관계없는 불규칙한 간격―에 대답하는 표시에 의해서만 운이라면 말이다.

운은 글쓰기의 모색이어야 한다. 이것을 잊지 말자. 그리고 운이 글쓰기 형태에서 발견하는 것, 그것은 "다행스럽게도" 불운, 추락, 단 한 번만 떨어지기 위해 (이 유일한 시도에서 통일성, 던짐의 전체성이 지워진다.) 끝없이 던져진 주사위들이라는 것을 잊지 말자. 왜냐하면 떨어지면서 다만 떨어지면서 주사위들은 표시를 하기 때문이다.

운은 이름이다. 그리고 우연은, 그것이 너를 상실하는 이 규정할 수 없는 다수성을 네가 의식하지 않도록, 그리고 놀이처럼 항상 무수히 다시 던지는 것 이외에 어떤 다른 규칙도 없이 이 이름으로 너를 끌어당긴다. 이 다수성의 놀이는 내기로서 행운과 불운을 나누는 것을 모두 제거하면서 끝없이 다수성을 시도한다. 놀이, 그것은 따라서 행운과 불운이라는 이가binaire논리에 반해서 놀이의 다수성을 위해 도박하는 것이다. 그런데 도박하기? 그렇다. 도박하기. 비록 네가 도박할 수 없다고 할지라도. 도박하기, 그것은 욕망하는 것이고, 욕망 없이 욕망하는 것이고, 이미 도박하기를 욕망하는 것이다.

❖ 그가 그에게 제기하지 않았던 질문. "혼자일 때, 당신은 무엇을 합니까?"—"그런데, 그 질문은 제기되지 않을 겁니다."—"당신은 그것을 질문하는 사람이 아무도 없었다는 것을 말하고자 합니다."—"그리고 아무도 그것에 대답하지 않습니다. 그것을 위한 시간이 없기 때문입니다."

❖ 질문과 대답의 놀이를 위해서는 세 개의 변수를 가진 시간의 단일한 구조가 있어야 한다. 사유나 삶에서 드러나는 현재의 우위성은 (비시간적인 현재와 살아 있는 간격 안에서 자기 자신에의 현전) 아마도 과거나 미래를 이미 이뤄진 혹은 도래할 현실과 관계시킬 수 없는 불가능성에 의해서, 다시 말해 그 각각을 실추한 현재나 실추할 현재로 생각할 수 없는 그 불가능성에 의해서 가장 잘 표시될 수 있을지도 모른다. 역사의 완성은 이제 실제적인 현재 안에서, 모든 역사적 가능성들을 다시 취하는 것일 것이다. 존재는 항상 현재에서 생각되고 말해진다. 동일한 것의 영원회귀가 니체에게 벼락이 치듯이 계시 속에서 그에게 떨어졌을 때, 우선 영원회귀의 긍정은 그에게 과거와 미래의 색깔을 주면서, 현재의 시간적 요구에 우선성을 주는 듯이 보인다. 다시 말해, 오늘 내가 사는 것은, 이중무

한으로서 이 유일한 현재 안에서 (이중무한은 그 안에 결합되어 있을 것이다.) 나에게 시간을 주면서, 시간을 그것의 바닥까지 여는 것이다. 내가 무한하게 시간을 체험했다면, 내가 그것을 무한히 다시 살도록 요청되었다면, 나는 이 책상 앞에 영원히, 그것을 영원히 쓰기 위해 거기에 있다. 모든 것은 자신의 동일성 안에서 이 존재의 반복과 다름없이 반복되는 이 유일한 순간 안에 현재한다. 그런데 니체는 지체함이 없이 누구도 자신의 책상 앞에 있을 수 없는, 동일한 것의 존재 안에 현재도, 그 반복 안에 존재도 없는 사유 안으로 들어갔다. 영원회귀의 긍정은 사유처럼 분산(하얀 와이셔츠를 입은 나약한 남자의 열린 눈의 침묵)과 다른 것을 생각할 수 없는 시간의 붕괴를 유발했거나, 어쩌면 더 결정적으로는 이제 금지가 가해신 현재만의 붕괴를 도발했다. 그리고 그 붕괴와 더불어 전체를 통합하는 뿌리는 제거되었다. 마치 회귀의 반복이 현재를 괄호 안에 넣으면서, 숫자 1 혹은 존재라는 말을 괄호 안에 넣는 것과 다른 기능을 가지지 않는 것처럼, 그리고 이로부터 우리의 언어, 우리의 논리가 받아들일 수 없는 변형을 강요하는 것처럼 말이다. 왜냐하면 우리가 현재와 더불어 어떤 단일성의 제거를 전제하면서, 관례적으로 과거를 0으로, 미래를 2로 지시한다고 할지라도, 그 둘 사이에 표시되지 않고 측정할 수 없는 거리 안에서 0과 2의 동일한 힘을 표시해야 하기 때문이다. (이러한 진술은 영원회귀의 재난 속에서 현재와 더불어 모든 공통분모 혹은 공통분자가 사라졌을 때, 과거와 미래가 같은 것으로 말해지는 어떤 요구를 전제할 때 일어난다.) 그리고 이 동일한 힘은 그것들을 동일화하는 것도, 그것들을 함께 생각하는 것도, 또 그렇다고 해서 그 둘이 서로 배제하는 것도 허락하지 않는다는 것을 지적해야 하기 때문이다. 존재의 단일성이, 받아들일 수 없는 어떤 단절에 의해, 그 관계를 지배하기를 그치지 않는다면, 영원회귀도 역시 하나l'un는 다른 것l'autre이라고 말할 것이기 때문에.

❖ 과거는 써지고 미래는 읽힐 것이다. 이것은 다음의 형식으로 표현될 수 있는 것이다. 현전의 어떤 관계도 쓰기와 읽기 **사이**에 세워짐이 없이 과거에 써진 것은 미래에 읽힐 것이다.

❖ **"나는 다만 당신의 충실에 호소하는 것만을 잘할 수 있다."** — **"그런데 당신은, 합법적으로, 더 잘할 수 있다. 사실 비록 내가 충실하다고 할지라도, 어떻게 우리가 법 없는 충실*로 서로를 일치시킬 수 있겠는가?"**

❖ 나는 언어의 주인이 아니다. 나는 다만 지워짐 안에서 그것을 들을 뿐이며, 그것 안에서 나를 지우며, 우리가 말하기 위해 언어를 되돌려 보내기를 언어가 기다리고 있는 그 침묵의 한계로 향한다. 거기서 현전은, 욕망이 향하는 곳에서 그것이 사라지듯이, 사라진다.

❖ 교회의 찬송가가 힘차게 현전 없는 말, 영원한 죽어 감, 영원한 죽음으로부터 우리를 자유롭게 해달라고 호소하고, 그 말 안에서

---

* 충실(loyaité)이라는 말은 그 어원이 밝히듯이, 성실·정직의 법에 복종함을 의미한다.

우리는 항상 신이 없는, 다시 말해 현전으로부터 자유로운 공간 혹은 말을 알아차린다.

❖ 언어와 현전 사이의 모호한obscur 투쟁을 상기하자. 항상 둘 다 지는 투쟁, 그럼에도 불구하고 현전이 이기는 투쟁, 그것은 다만 언어의 현전으로서일 것이다. 말이, 그것의 영원한 사라짐에서, 죽음, 공허, 부재를 동반할 때조차, 항상 말이 취소하거나 중단시킨 것은 말과 더불어—말이 스스로 사라지는 한계에서, 다시 말해 말이 현전을 고갈시키는 데 이르지 못하거나 현전을 고갈하면서, 말이 부정에서 헛되이 현전을 고갈시키는 말의 현전으로서 다시 긍정되어야 하는 그 한계에서—되살아난다. 어쩌면 여기서 다만 투쟁하지 않는 자만이 승리할 것이다. 현전이 언어 안에서 긍정되는 것은 현전이 언어를 받아들이기 때문이다. 언어를 공모자, 선호하는 것으로 만들면서, 그것을 현전의 열림과 일치시키기 위해, 그것이 속속들이 열릴 때까지 그것을 자극하면서 말이다. 따라서 언어가 현전을 불성실하게 파괴하는 것은 현전을 위해 투쟁하면서(언어 안에 현전하는 어떤 것의 기념비가 되는 것을 순진하게 받아들이면서) 그렇게 하기 때문이다. 이것은 글쓰기에 의해 도달한다. 표면적으로 글쓰기는 여기에 보존하기 위해서 존재한다. 글쓰기는 표시하고 표시를 남긴다. 글쓰기에 맡겨진 것은, 머무는 것demeure**이다. 쓰

** 블랑쇼의 텍스트에 나타나는 'demeure', 'demeurer'라는 말은 데리다가 그의 책 (*Demeure*, Paris: Galilée, 1998)에서 지적하듯이, 그 자체로 번역 불가능하다. 사전적

기와 더불어 제도적인 책의 역사가 시작된다. 그리고 땅의 흔적들, 기념비들, 작품들에 의해 하늘에 별들의 기입으로서 시간이 시작된다. 쓰기는 기억이고, 써진 기억은 죽음 내내 삶을 연장한다.

그런데 현전이 자신을 유지하기 위해 현전이 꺼지고, 고정되는 이 언어만을 가질 때, 현전에 남아 있는 것은 무엇인가? 어쩌면 이 질문만이 남을지도 모른다. 쓰기로서 쓰기에 의해 유지된 현전은 "진정한" "살아 있는" 현전, 즉 항상 사실적으로 현전의 원천, 현전의 진리, 현전의 봄vision인 그런 현전과 전적으로 낯설지 않다는 것은 확실하지 않다. 글쓰기가 현전과 가지는 유일한 관계는 의미 Sens, 즉 빛의 관계, 쓰기의 요구가 기호에 더 이상 복종하지 않으면서 단절하고자 하는 관계일 것이다.

글쓰기가 현전을 더 이상 현전으로서가 아니라 살아남은 것 혹은 아래 지속하는 것substance으로 만들면서 현전에 가한다고 주장

의미로는 각각 집, 저택, 체류하다, 머물다 정도로 옮길 수 있을 것이다. 데리다는 그의 책에서 이 말의 어원을 찾으면 '기다리다', '지체하다'를 의미하는 라틴어 'demorari' (de +morari)에 이른다는 것을 지적한다. 이 말에는 항상 '지불유예명령'(moratorium) 에서처럼 항상 지연, 유예, 불의의 사고(contretemps), 기다림, 진행 중인(en instance) 어떤 것의 이념을 지닌다. 그래서 "머무는 것(être en demeure)은 늦음이고, 법적 용어로 정해진 유예기간 안에 의무를 실행하는 것이다"(p.120). "나의 죽음의 순간이 그때 이래로 항상 진행 중"인 것처럼 말이다. 이런 기다림에 대해 블랑쇼는 『기다림, 망각』 (L'attente L'oubli, Paris: Gallimard, 1962)에서 "기다린 사건으로서 간주되는 죽음은 이 기다림을 끝낼 수 없으며, 기다림은 죽어 감의 사실을 기다림을 그치기 위해 거기에 도달하는 것으로 충분하지 않은 어떤 것으로 변형한다"(p.55)고 말한다. 블랑쇼에서 죽음과 글쓰기의 구조가 이 단어, 'demeure'에서 서로 닮은 한에서, 위에 블랑쇼가 글쓰기에서 "써진 기억은 죽음 내내(durant la mort) 삶을 연장한다"고 말하는 것을 우리는 이해한다.

하는 패배는 글쓰기 자신의 패배이다. 이런 관점에서 글쓰기는 현전을 잃어버리고, (또 자신을 잃어버린다). (글쓰기는) 비록 그것이 불완전한 소통일지라도, 소통에 사용되는 도구이며, 그 자체로는, 나쁜 도구일 것이다. 그리고 글쓰기에서 현전이 상실된다면, 그것은 현전이 해방되지 않은 표현 안에서조차, 또 현전을 가두는 표현 안에서조차 현전은 자신을 표현함이 없이 주장할 자신의 권리를 유지하기 때문이다. 현전의 승리를 위해서는 이것으로 충분하다.

❖ 글쓰기, 쓰기의 요구는 부재를 위해 현전에 **반해** 투쟁하지 않으며, 현전을 보존하거나 그것과 소통한다고 주장하면서 현전을 **위해** 현전과 투쟁하지도 않는다. 쓰기는 현전에서 완성되지도 현재하지도 현전하지도 않는다. 또 재현하지도 않는다. 다만 놀이 안에서 시작하는 힘과의 관계에서 시간적으로 파악할 수 없는 재시작의 앞섬을 도입하는 반복과 놀이하기 위해 재현하는 것을 제외하고 말이다. 마치 재-현le re-présent(다시-현재)이, 그 말이 지시하는 과도한 다수성 안에서 도래할 현전을 예시함이 없이, 또 그것을 과거에 지정함이 없이, 회귀에 의해 항상 전제되는 다수성과 놀이하는 것처럼 말이다. 쓰기는 이런 의미에서 항상 우선 다시 쓰기이다. 그리고 다시 쓰기는 어떤 앞선 쓰기, 심지어 말, 현전, 의미의 앞섬과도 관계하지 않는다. 다시 쓰기, 둘로 나누기는 항상 단일성에 앞서거나 그것의 표지를 제거하면서 그것을 정지시킨다. 다시 쓰기는 그래서 모든 자발적 생산자와 거리를 두고 유지되며, 뭔가를 산출한다고 전혀 주장하지 않는다. 심지어, 쓰기의 과거, 미래, 현재

도 산출하지 않는다. 다시 쓰기는 일어나지 않은 것을 반복하면서 일어나지 않을 것이고 일어나지 않으며, 어떤 교차점도 교차의 일치를 긍정함이 없이 교차되는 관계적 통일성이 없는 체계 안에 기입된다. 그래서 다시 쓰기는 항상 현전에 의해 측정되는 시간성의 양태에서 우리를 떼어 내는 회귀의 요구 안에 자신을 기입한다.

다시 쓰기는 잉여이고, 보충적 관계이다. 그런 관계는, 극단적으로는, 그것에 추가되는 어떤 것에 의해서도 규정되지 않는다. —아무것도 초과하지 않으면서 그런데 초과된. 따라서 영향, 인과, 모델, 방식, 모방 등에 대한 모든 고려는 공허해진다. 다만 로트레아몽Lautréamont의 아이러니가 우리에게 제시하는 "표절"을 예외로 한다면 말이다. 그에게 표절은 원전으로서 주어진 텍스트 다음에 오는 것이 아닐 것이다. 비록 그것이 텍스트를 전수하는 경우일지라도 말이다. 그것은 써지지 않은 것으로서 텍스트를 반복하는 것이거나, 그것이 앞서서 산출되었는지 알 필요도 없이—텍스트란 항상 이미 재산출된 것이기에—텍스트를 반복하는 것일 것이다.

회귀의 "회re"는 "외ex"처럼 모든 외재성의 열림을 기입한다. 마치 회귀가 돌아옴의 끝을 보여 주는 것과 달리, 추방·탈출의 재시도의 의미에서 시작을 표시하는 것처럼 말이다. 되돌아옴은 돌아오면서 중심에서 벗어나고 길을 잃는 것일 것이다. 유일한 **머묾**은 **노마드**nomade의 긍정일 것이다.

❖ "난 항상 다시 올 겁니다."—"당신이 가능한 한 멀리 머물 능력을 당신 안에서 발견하는 한에서."—"다만 여기서 나는 그 묾을 발견하게

될 겁니다."

❖ "나는 자신들의 고독을 가지고 우리를 돕는 다른 사람들 가운데로 이미 당신이 오고, 되돌아오는 것을 봅니다."

❖ 거대하고 여전히 확실하지 않은 공간에 도달하기 위해 그가 건너지 못하는 장애가 있는가? 아니면 이 어둡고 황량한 공간(일련의 사막)은 그에게 유일한 방해, 최후의 장애인가?

❖ 목소리 없는 목소리, 그가 알아들을 수도 없었고 더 이상 들리지도 않던 중얼거림, 그가 그것을 여전히 듣는다면, 때때로 날카로운 고음의 떨림을 들었다고 확신한다면, 그것은 분필로 칠판에 선을 그을 때 나는 귀에 거슬리는 소리일 것이다.

❖ 그들이 아는 것, 그것은 그들이 우리를 위해 아는 것이다. 그리고 우리가 아는 것, 그것은 아무도 아무것도 위한 것이 아니다.

❖ 글쓰기의 요구의 관점에서 보면, 글쓰기가 분산되는 다수성 안에는 우정도 신성도 없으며, 사건들은 무용하고, 축성되지 않은 날들과 신도 인간도 아닌 사람들만이 있다. 그 요구를 가져오는 사람들은 그 요구로 보내지고 그 안에서 사라진다. 비록 그들의 이름이 그것을 명명한다고 해도, 그들은 중요하지도 대단하지도 않다. 분산되는 다수성에서, 그리고 그들이 비록 다수에 속하고 다수적인

실재만을 가진다고 해도, 그들은 서로에 대해 낯설고 만남 없이 교차한다. 바로 여기에 그들의 고독, 유일성에 의해서도, 최상의 단일성에 의해서도 구성되지 않는 다수성이 있다.

글쓰기의 요구는 이것에 헌신하는 사람들의 실존에서 찾아지는가? 여기에는 기록할 만한 전기는 없다. 그럼 그것은 작품들 안에서 찾아지는가? 자신의 웅장함 안에 갇힌 작품들은 그 자신의 비밀은 어떤 번역도 허용하지 않고 자기 자신만을 비춘다고 주장한다. 반면, 열린 작품들은 항상 이미 작품들을 가로지르고, 그것들을 순간적으로 채우기 위해서만 그것들을 사용하는 글쓰기의 행위를 허용한다. 또는 그것들은 더 일반적인 지식, 다시 말해 표시·기입·행위, 더 나아가 흔적 등에 필요한 지식 안에서 긍정된다. 이 지식에 의해 글쓰기는 과학적인 이데올로기를 결정하고, 심지어 일단의 과학성에 도달한 과학들의 능력에 대해 견해를 밝힐 것이다. 이로부터 글쓰기는 영원한 형이상학이 자신의 책들의 희망 안에 글쓰기를 도입하면서 수집하는 데 전혀 어려움을 가지지 않는, 제대로 규정되지 않은 문제성에 빠져들 위험이 있다. 그럼 반박하는 것 이외에서는 자신을 알아차릴 수 없는 이 운동에서 무엇을 할 것인가? 쓰기가 항상 다시 쓰기의 형식을 가지고 앞설 때, 아마도 항상 미리 고갈된 요구로서, 즉 밋밋한 반복으로서, 쓸 시간이 없다는 사실을 잊으면서, 그 운동을 유지하는 것뿐.

❖ 모든 우정을 배제하는 글쓰기의 요구를 위한 우정.

❖ 이름 다음에 오는 익명은 이름 없는 익명이 아니다. 익명은 거기서 이름을 빼내서 거부하는 데 있지 않다. 익명은 이름을 정립하고 그것을 공허하게 내버려둔다. 마치 이름은 명명하지 않으며, 단지 이름 없는 것의 비-단일성과 비-현전이기 때문에, 다만 거기에 그저 잊히기 위해 있을 뿐인 것처럼 말이다. (그)는 아무것도 지시하지 않으며, 그 자신 안에서 잊혀진 것을 기다리며, 익명의 이 요구를 질문하는 것을 돕는다. 그런데 (그)는 그 자체로 가치나 의미를 가지지 않으면서, 그 자신 안에 기입된 모든 것이 다른 규정을 가지는 것을 항상 허용하는가? 아니면 그는 자신에게 "유비"의 기능, 모든 이미지들이 가지는 부재의 양태, 항상 다양한 의미들로 채워질 수 있고, 항상 결핍인 공허한 상징을 부여하는 것을 허용하는가? (그)는 그 자신의 의미의 무-규정성을 다만 말해지는 모든 것, 더욱이 그 자신에 의해, 그 자신을 통해서 말해지는 모든 것에 의해 규정되도록 내버려두면서만 받는 것이 아니다. (마찬가지로, 아마도, 존재라는 단어가 그것이 발음될 때, 다만 존재하는, 존재할, 존재하지 않을 어떤 것이—이것은 언제나 일어나고 일어나지 않을 수도 있는데—언어 안에서 그를 만날 때에만, 그리고 그를 감추고 감춤이 없이 그를 덮을 때에만, 깨어나는 의미의 빛에 의해 밝혀지듯이 말이다.) (그)는 존재의 수수께끼를 환대한다. 이 존재가 그 자신의 수수께끼를 잠재울 수 없이. (그)는 실존의 정립 혹은 폐위 없이, 현전 혹은 부재가 그를 긍정함이 없이, 말의 단일성이 그가 분산되는 둘 사이에서 그를 밝힘이 없이 말해진다. (그)는 "이것"이 아니라, (마치 그가 중성을 부르듯이) 그를 표시하는 중성이다. 중성은 그를 모든 문법적

인 자리에서 떼어 내어 자리 없는 이동으로, 다시 말해 둘, 여럿, 모든 단어들 사이에서 느끼는 일종의 결핍으로 인도한다. 이 결핍에 의해 단어들은 단절되고, 그것 없이는 단어들은 아무것도 의미하지 않는다. 그런데 그것은 단어들이 사라지는 침묵에서도 그것들을 지속적으로 방해한다. 익명은 항상 앞서서 잊혀진 이름을 말하는 (그)에 의해서 말해진다.

❖ 우리는 우리의 이름을 상실하기 위해 쓴다. 그것을 원하고 원하지 않으면서. 그리고 물론 우리는 또 다른 우리가 이어서 필연적으로 주어진다는 것을 안다. 그런데 그것은 무엇인가? 우리가 익명에게 보내는 집단적인 기호. (왜냐하면 이 새 이름—동일한 것—은 이름 없는 독서, 절대로 어떤 이름을 가진 독자에 집중하지 않는 독서와 다른 것을 표현하지 않기 때문이며, 독서의 유일한 가능성도 표현하지 않기 때문이다.) 따라서 우리에게 영광과 불행을 주는 이 이름은 아무것도 솟아나지 않는 이름 없음에 우리가 속한다는 표시이다. 공적인 무—부재한 무덤 위에서 지워지는 기입.

❖ 익명을 위한 헛된 투쟁. 비인격성은 이 익명을 보장하는 데 충분하지 않다. 작품은, 비록 그것이 작가 없이, 항상 그 자신과의 관계에 의해 작품이 된다고 할지라도, 이름들, 매 순간 결정된 독서의 가능성, 참조체계, 그것에 적절한 이론, 그것을 밝히는 의미 등을 끌어당기는 공간을 한정한다. 물론, 우리는 더 이상 이것들을 위대한 이름들과 관계시키지 않는다(아직 확실하지 않지만 말이다). 니

체―여전히 대단히 위대한 이름―와 함께, 우리는 작품, 예술가 혹은 철학자의 작품은 그것을 창조하고 그것을 창조해야 하는 자를 다만 나중에야 발명한다는 것을 안다. 우리는 작품은 역사적 필연성 안에서, 헤겔이 그 모델을 제시하는 반복의 운동을 따라서, 그 이후에 오는 것처럼 보이는 모든 작품들에 의해 항상 변경되고, 변형되고, 경험되고, 자기 자신과 분리되고, 자기 자신 밖에 놓인다는 것을 안다. 우리는 우리가 권위를 가진다고 혹은 우리가 어떤 영향을 미친다고 믿게 하는 현재에 속지 않는다. 더 나아가 우리는 과거를 염려하지도 미래에 대해 거만하지도 않는다. 우리는 항상 비밀스럽게 혹은 직접적으로 집단의 이름을 가지고 자신들의 이름을 높이면서 몇몇의 지도할 만한 권리가 긍정되는 집단의 비인격적인 책임성이라고 불리는 것을 명확히 간파한다. "인격성의 숭배"는 역사적 진리를 자신의 것으로 하기 위해 타자들 위에 서는 사람과 함께 시작하는 것이 아니라, 진리 그 자체와 함께 시작한다. 역사적 진리는 정당, 국가 혹은 세계의 진리로, 그 진리가 정착하자마자, 그것은 어떤 이름, 어떤 인격, 어떤 민족, 어떤 시대와 결합될 준비가 된 진리다. 그럼 이 익명에 접근하는 유일한 방식이 **잦은 방문**hantise,* 항상 떼어 내는 불확실한 강박일 때, 우리는 어떻게 그것에 도달할 수 있는가?

---

* 'hantise', '강박관념'을 의미하는 이 말의 예전의 의미는 '지인의 집을 자주 드나들기', '교제', '친밀한 관계'(intimité)를 의미한다. 이 단어는 앞에서 헤겔을 언급하면서 말하는 '반복의 운동'과 조금 아래 언급되는 '친밀한 관계'와 같이 읽어야 할 것이다. 참고로 넬슨은 'haunting intimacy'로 옮겼다.

모든 외재성과 모든 내재성을 배제하는 외재성, 마치 그것이 그것들 다음에 오면서, 그것들을 파괴하면서, 모든 시작과 끝에 앞선 듯이, 그리고 그것이 자신을 모든 법이 무력해지는 법으로서, 어떤 도래도 없는 회귀로서, 비-동일성이 연속성도 단절도 없이 그 안에서 지워지는 영원한 같음으로서, 전혀 셀 수 없는 반복으로서 드러내면서 사라지듯이 말이다. 거기에 우리가 우리 집 혹은 우리의 자아를 항상 앞선 불친절한inhospitalier 주인 옆에서 우리를 유지하고, 우리가 이름을 가지도록 도와줄, "개념"(개념화될 수 없는)이 있다. 비록 그 개념이 반쯤 호의적이고, 반쯤 빈사상태인 우리를 익명적 정념 안에서 무너지는 관계 그 자체와 관계시키기 위해 항상 우리를 최상의 혹은 가장 거짓된 우리의 친밀한 관계intimité에서 떼어낸다고 할지라도 말이다.

비록 우리가 전 기원적인 익명에 의해서 표시된다고 할지라도, 우리는 절대로 이름을 떠나지 않는다는 것을 이해하자. 익명은 이름 그 자체 안에서 주어지고, 우리를 전혀 해방하지 않는다. 그 이름이 우리의 정체성이든, 모든 접근을 거부하기 위해 모든 것을 가면으로 변형하는 이 얼굴, 또 누구도 무엇도 전혀 벗길 수 없는, 표정도 시선도 없는 가면을 필요로 하는 이 얼굴이든지 간에 말이다. 그 이름이 강하고 정당하면 할수록, 그 이름은 익명의 악화perversion를 더더욱 초래한다. 위대함, 창조적 힘, 의심할 수 없는 진리가 어떤 한 이름 안에서 드러나면 날수록, 그 위대함은 더더욱 이름 없음을 희생으로 해서 잘못 혹은 부정의가 생겨나는 것처럼 자신을 고발할 준비가 되어 있다. 반면 모든 것은 마치 익명, 혹은 빛이 그림자를 던지기 위해서만 자신이 빛난다는 것을 모른 채 던지는 그림자가, 우리에게 모든 기호가 결핍된 거기에서 의미를 통해서 자신을 알림으로써 우리에게 접근하기 위해서, 모든 영광, 모든 힘, 모든 성스러움의 코미디를 낳는 것처럼 일어난다.

우리의 정체성을 확인하면서, 우리가 서명할 때, 우리는 이 서명을 훨씬 너머 이 서명을 책임져야 한다. 마치 이 책임성이 항상 우리와 분리된 것처럼, 그리고 마치 다만 진실로 간주되지 않는 위조자로서가 아니라, 진실을 거짓으로 파열시키는 위조자로서 그 소유권을 박탈하기 위해 우리가 서명하는 것처럼 말이다. 이렇게 책임성은 서명될 수 없는 요소로 혼자서는 절대로 나타날 수 없는 것, 서명하고, 지시하고, 의미하는 행위가 불법으로 도입하는 것, 다시 말해 절대로 갑작스레 들이닥치지 않는 차가운 은밀성, 이중적 앞섬, 그림자가 자신을 드러내거나 은신하기 위해 항상 빛을 사용하고 빛을 따를 때, 빛 없는 그림자다.

❖ 만일 우리가 죽어 감, 심지어 사유의 매력에 양보한다면 (이런 양보를 위해서는 우리 안에 그것을 할 만한 충분한 수동성이 있다는 것을 전제한다면), 익명에 접근하는가? 만일 사유가, 마치 우리가 행복, 공포와 함께 생각하는 것처럼, 무로 사라진다면. 그런데 사유에 의해 무로 사라지자마자 우리는 곧 우리의 최고의 가능성으로 보내진다.

❖ 나는 수용소에서 이름들이 불리는 것을 생각한다. 명명하는 것

은 말의 죽음의 놀이를 동반한다. 이름의 임의성, 이름을 앞서거나 동반하는 익명성, 명명의 비인격성은 **끔찍한** 방식으로, 언어가 살인자의 역할을 수행하는 상황에서 명백히 드러난다. 고유명―숫자―은 그것을 지시하는 힘 그 자체에 의해, 한정 없는 언어의 힘에 의해 그 고유성을 상실한다. 여기서 "고유명"은 무엇을 의미하는가? 거기에 몸소 현전할 권리가 아니라, 반대로 바깥의 추위와 피로 속에서, 공적인 자리로 끌어내지는 무서운 의무이다. 사적인 불행의 이름으로 자신을 보존하고자 하는 것이 어떤 피난처도 제공함이 없이 말이다. 자기가 문제일 때, 자기의 어떤 것도 소유하거나 보존하는 것의 금지는 이름 혹은 그 이름을 대신하는 것의 선언에 의해 발설된다. 수용소에서 호명은, 어떤 적절한 은닉의 장소도 남기지 않는 방식으로, 주민등록의 모든 형식적 의미를 (우리의 정교한 문명에서 경찰의 자유로운 폭력과 박탈에서 일어나는 신분의 확인에서처럼) 드러낸다. 언어는 소통하지 않고, 그 자신의 고유한 벌거벗음―바깥에 놓기―에 따라서 벌거벗긴다. 그리고 우리는 이 벌거벗음을 다만 완화할 수 있을 뿐이다. 다시 말해 항상 비스듬한 "바깥"의 놀이, 또한 본질적으로 어떤 권리도 방향도 없이, 마치 **장난**처럼, 간접적인 언어의 놀이인 우회에 의해 악화시킬 뿐이다.

❖ 그들은, 서로 유사한, 인류의 다수성 안에서 나타나고 동시에 사라진다. 그들은 반복으로서만 유일하다. 거처도 도시도 없이, 그들은, 식별할 수 없는 모든 그들 사이로 간다. 그들이 흔적을 남기지 않는다면, 그들은 영원히 걷는 자들일 것이다. 그리고 그 흔적 안에서 너는 그들을

발견함이 없이 알아차릴지도 모른다.

❖ (중국어에서) "인간"과 "둘"을 동시에 지시하는 문자[人]가 있다는 것이 사실이라면, 인간 안에서 항상 자기이면서 타자인 인간, 대화의 행복한 이중성, 그리고 소통의 가능성을 알아차리는 것은 쉬울 것이다. 그런데 쉽게 알아차릴 수는 없지만, 어쩌면 더 중요한 것은 "인간"을 생각하는 것이다. 다시 말해 단일성이 없는 간격으로서 "둘", 0에서 이중성으로의 도약, 그리고 금지로서, 둘 사이에서 주어지는 1을 또한 생각하는 것이다.

척도와 중용을 말하면서 우리는 공자에게서 다음의 생각을 빌려 올 수 있다. "척도와 중용은 인간의 극단이다." 만일 중간이 극단이면, 중심은 중간이 아니다. 누구도personne 다만 아무도 아닌 자personne와 관계하는 척도를 유지하지 않는다.

말들에 그 의미들을 돌려주는 것? 의미sens에 그 말들을 돌려주지 않는 것?

만일 중용으로서 중간을 생각하면서 우리가 극단을 배제하고 "치우친 것들"을 거부하기 위해 이것을 사유할 권리를 사용한다면, 중간은 한계가 될 것이고, 척도를 사유하는 것, 그것은 한계에서 사유하는 것이다. 하나를 생각하지 않는 것, 그것은 마찬가지로 무차별의 문턱까지 하나에 의해 인도되도록 자신을 방관하는 것이다.

❖ (소크라테스처럼) 한 줄도 쓰지 않는 것은 아마도 말을 우선하는

것이라기보다는, 습관적으로, 앞서서 쓰는 것이다. 왜냐하면 이런 회피 안에서 플라톤이 이미 준비한 글쓰기의 공간이 준비되고 결정되었기 때문이다.

❖ 영원회귀를 생각하는 것, 그것은 동어반복의 가상에 의해 사유를 시험하면서 사유를 유혹하는 것이다.—동일한 것의 꿈, 동일성의 논리의 척박함, 산산조각 나는 일치의 약속. 약속은 언어 안에서 일어나고, 반면 목표로 하는 일치는 다른 언어를 필요로 하고, 이 언어는 자신의 타자성 안에서 약속을 철회하고 약속을 성취해야할 말을 붕괴한다.

약속이 이뤄졌다.—그런데 이미 그것을 제안하는 말에 의해 이미 붕괴된 약속. 왜냐하면 약속은 모든 현재를 중단시키면서, 그 약속promesse이 완수할 수 있고, 앞서 놓인 것pro-messe으로서 전개될 수 있는 질서에 일치하는 평범한 미래의 불가능성을 약속하기 때문이다.

영원회귀의 정식화는 필연적으로 그것이 "검토될 수 있는" 시간과 다른 시간 안에서 일어난다. 즉 시간을 미래·현재·과거로 말해야 하는 우리의 언어 안에서, 니체는 매번 엄격하게 자신의 진술을 긍정하고자 할 때마다 미쳐 버린다. 그런데 시간의 평범한 형식에서 벗어난 다른 언어로의 이행의 결과들을 따르는 것처럼 보이는 그의 광기의 침묵의 언어 안에서도 그는 여전히 미쳐 버린다. 순진하게도 우리에게 사유의 일관성과 화해하는 듯이 보이는 "새로운 이성"으로 파악되는 광기 그 자체 때문에 미쳐 버린다. 마치 그가 항상 광기에 의해, 언어에 의해, 회귀의 정식화 안에서 항상 이미 그가 연루된 그 언어에 늦게 도착하는 것처럼 말이다. 광기?—그런데 우리의 것과 다른 광기, 그의 것과 다른 광기.

❖ 헤겔에서, 그가 말한 것처럼, 개념은 자연이 충족시킬 수 없는 것으로서 세워진다면, 어떻게 절대적 만족으로서 개념에 만족할 수 있는가? 영원회귀는 모든 동일성의 표시가 산출하는 잉여를 표시한다. 다만 이 잉여의 표시가 동일성을 중단시킴이 없이, 그리고 이 잉여가 표시된 적도, 그 표시에서 자유로웠던 적도, 그리고 그 표시로 인해 자유롭게 된 적도 없이 말이다.

❖ "따라서 우리는 다시 한 번 여기에 있습니다."—"이것은 바로 우리가 매번, 그리고 처음으로 말하는 것에서 느끼는 즐거움입니다."—"매번 만남은 이미 우리의 만남이었습니다."—"나는 그것을 이해합니다. 우리의 만남이 항상 너무 늦게 온다는 것을 내가 몰랐다면, 나는 그것을 더 잘 이해할 수 있었을지도 모릅니다."—"너무 늦게 옵니다. 사실입니다. 그건 적절한 순간이 없었기 때문입니다."—"당신은 그들의 목소리를 들은 적이 있습니까?"—"내 목소리도 듣지 못하는 것처럼 그들의 목소리를 들은 적이 없습니다."—"아, 사실 그들은 우리를 항상 놀라게 할 겁니다."

❖ 그가 들어오고, 그는 이미 그를 환대하기 위해 이미 거기에 있는 말들을 가지고 말한다. 말하고 침묵하는 것에서 같은 고통을 느끼면서.

❖ "내가 그들에 대해 아는 것은 이미 예전에 그들은 우리와 가까웠고, 거의 분리된 적이 없다는 것이다. 다만 어쩌면 그들이 늦을 수 없다는 점에서, 적어도 어떤 형태이든지 간에 현재 안에 늦을 수 없다는 점을 제외하고."—"그들이 지나간다."—"그들은 항상 이미 지나갔다. 그런데 그들은 막 지나갔다."—"그만큼 그들이 더더욱 그립다."

"아무것도 그들에게 중요하지 않다."—"나는 이것을 말하지 않을 것이다. 다만 나는 그들에게 중요하지 않은 것은 바로 이 중요성이라는 것만을 말할 것이다."

이렇게 말하는 방식에는, 말을 통한 현전 안에는, 침묵이 대답하기에는 충분하지 않은 어떤 진리가 있다. 그 침묵이 다시 침묵으로 열리지 않는 한에서.

❖ 동일한 것의 영원회귀. 있었던 것, 있었던 것으로서 일어날 것의 반복은 어떤 현전의 징후도 나타내지 않는다. 그것이 아주 오래된 것의 현전일지라도 말이다. 영원회귀는 아마도 있었던 것에서 어떤 현재도 유지되지 않는 것을 말할 것이다. 다만 그것이 말해졌다면, 이 말하기 안에서를 제외하고.

이런 의미에서, 현전과 아무런 관계가 없는 있었던 것과 도래하는 것을 생각해야 하는 필연성은 항상 우리를—모든 근접성과의 간격에서—모든 간격의 간격으로서 멀리 놓는다. 엷은 현전과 마찬가지로 모든 형태의 부재의 양태를 멀리한다.

만일 누군가 파르메니데스Parmenides의 방식으로 "이것은 있었던 적이 없고, 절대로 없을 것이다. 왜냐하면 이것은 존재하기 때문이다"라고 말한다면, 우리는 서둘러서 과거와 미래를 모든 현재에서 해방할 것이다. 왜냐하면 "이것이 존재한다"는 것은 마치 "있었던 것" 혹은 "있을 것"에서 절대로 자신을 재-현하지 않는 것처럼 주어지기 때문이다.

(영원회귀의 법 안에서조차, 미래가 과거를 반복할 수 없는 것**처럼** 과거는 미래를 반복할 수 없다. 미래로서 과거의 반복은 전적으로 다른 양태―우리가 계시적이라 부르는 것―에 대해 자유롭다. 과거에서, 미래의 반복으로서 주어지는 것은 과거의 반복으로서 미래를 주지 않는다. 비대칭이 동일한 것의 반복에서 작동한다. 영원회귀로부터 어떻게 비대칭 dissymétrie을 생각할 수 있는가? 아마도 이것이 영원회귀에서 가장 수수께끼일 것이다.)

❖ 단편적인 것le fragmentaire. 이로부터 무엇이 우리에게 오는가? 질문, 요구, 실천적 결단? 단편적인 것과의 관계 속에서만 글을 쓸 수 있다는 사실은 우리가 단편le fragment의 방식으로 글을 쓴다는 것이 아니다. 다만 단편이 그 자체 단편적인 것의 징후인 경우를 제외하고. 단편적인 것을 생각하는 것, 그리고 그것을 중성적인 것과의 관계에서 생각하는 것, 이 둘은 현전의 공동체 없이, 그리고 하나가 다른 것의 바깥에 존재하는 것처럼 함께 말해지는 것처럼 보인다. 단편적인 것. 글쓰기는 모든 것이 이미 말해졌을 때 단편적인 것에 속한다. 단편적 글쓰기가 다시-표시되기 위해서는 말의 고갈과 말에 의한 고갈, 로고스로서 전체(전체로서 현전)의 완성이 있어야 할 것이다. 어쨌든, 우리는, 전체 바깥에서, 용법 없이 혹은 용어

없이, 글쓰기의 가능성을 "순수한 잔여"로 유지하기 위해, 글을 쓰면서, 전체성의 논리를 이상적으로 완성된 것으로 고려하면서, 그것으로부터 우리를 해방할 수 없다. 이때 밝히기가 그렇게 쉽지 않은 전적으로 다른 어떤 논리(반복·한계들·회귀의 논리)는 어쩌면 우리에게 그 가능성의 탐구를 보장할지도 모른다. 이미 결정된 한 사실은 이런 글쓰기는 절대로 "순수"하지 않고, 반대로 규범적 시선에서 정의(정지)될 수 없는 변형에 의해 근본적으로 변형될 거라는 것이다. 그것은 다만 글쓰기가 모든 종류의 실존의 형태들, 즉 실존을 가능하게 하는 말, 사유, 시간성과 공존하기 때문만이 아니라, 글쓰기는 순수한 형식의 고려, 즉 진정하거나 고유한 것으로 자신에 접근하는 것을, 그것이 비록 탈자기화라고 할지라도 배제하기 때문이다. 우리가 쉽게 사용하는 모든 전복—시작으로서 재시작, 자기성으로서 탈자기화, 차이로서 반복—조차 우리를 타당성의 논리 안에 방치한다.

　단편적인 것은 아마도 그것을 모르는 언어 안에서 더 잘 진술될지도 모른다. 단편적인 것. 그것은 단편도, 전체의 부분도, 단편적인 것 그 자체도 의미하지 않는다. 경구, 금언, 격언, 인용, 사유들, 주제들, 언어의 세포들, 아마도 이것들은 "자신의 고유한 연속성"을 자신의 내용으로 가지는 무한히 연속되는 담론보다 더 고립된 것들일 것이다. 이때 연속성은 자기 자신에게 순환성을 부여하면서만 자신을 보증한다. 그리고 이 순환에 의해 연속성은 법 바깥에 존재하는 회귀에 종속된다. 그리고 이 바깥은 법 너머에 존재한다.

❖ 그는 정념의 거대한 그림자를 쫓듯이 그들을 쫓는다. 그런데 그들을 그 앞으로까지 밀지 않으리라는 것은 확실하지 않다. 그들을 쫓으면서, 그는 매력에로만 이끌리는 그들과 함께 쫓는 매력만을 쫓는다. "우리를 괴롭혀라."—"우리를 낙담케 하라." 그는 그들을 신중하지 않은 말들과, 우연과 결합된, 미친, 같이 있음에 미친 그 말들과 비교한다. "이전에 절대로 당신은 그와 같은 말을 사용하지 않았습니다."—"그런데 이 말은 무엇일 수 있습니까?"—"당신은 그것을 압니다."—"따라서 이번에는 나는 그 말을 사용하지 않을 겁니다."—"그 말은 그들로부터 우리에게 옵니다."—"혹은 그들은, 그 말로부터 우리에게 옵니다."—"그리고 그 말은, 어디서부터 우리에게 옵니까?"

❖ 심각한 어조로, 그들은 말을 하면서 말할 권리를 고갈시키는 것과 다른 권리를 가지지 않고 거기에 있었다는 것을 그에게 상기시키기 위한 것처럼. "우리는 더 이상 견딜 수 없는 상황에 처해 있습니다."—"그렇습니다. 더 이상 견딜 수 없는 시간 안에."—"그런데 누가 대담의 형태로 우리에게 이 태도를 부여합니까?"*

❖ "당신은 그들의 중재자입니다."—"그들은 부동의 상태에서, 끝없이 이동합니다."—"그들은 그들의 재출현이 우리의 것일 수 있을 뿐인 현

---

* 여기서 대담(entretien)과 태도(tenue)는 각각 동사 '보존하다, 대담하다'(entretenir)와 그 앞 문장의 '견디다, 유지하다'(tenir)로부터 파생된 단어들로, 견딜 수 없는 상태를 보존하는 것을 의미한다.

전의 부재 안에서 그와 같은 고집을 표상합니다."

"그들은 우리의 말의 중요성에 집착합니까?"—"그 대답은 우리의 영향력 밖에 존재합니다."—"그런데 어떤 질문에 대한 대답, 우리의 질문을 포함해서, 모든 힘을 초월하는 질문에 대한 대답이 아니라면 무엇이겠습니까."

❖ 단편적인 것의 요구는 우리 자신의 한정limitation으로서 혹은 삶과의 관계에서 언어의 한정으로서 혹은 언어와의 관계에서 삶의 한정으로서 한계limit의 징후/기호가 아님에도 불구하고, 어떤 한정과도 아직 관계를 가지지 않는 한계의 놀이로서 제시되고, 그 한계를 회피한다. 단편적인 것의 요구. 어떤 한정과도 놀이하지 않는 한계들의 놀이. 단편적인 것, 한계와 한정의 분리. 단편적인 것이 법과의 간격을 표시함에도 불구하고, 그러한 간격은 법 안에서, 심지어 간격으로 이해되는 법 안에서도 다시 파악되지도, 이해되지도 않는다.

❖ "당신이 계획하는 것은, 그러한 시도를 계획하는 한에서, 위험한, 더 나아가 어려운 시도일 것이다. 그런데 우리가 이것을 위한 수단이 있는지 자신에게 물으면서—우리가 그것을 묻자마자, 그것들은 우리에게 없다—살기를 작정하는 것보다는 더 어렵지는 않을 것이다. 당신은, 당신이 그 시도를 잘 이끌 만한 힘이, 그런 것이 있다면, 있는지 자문한다."—"나는 자문했고, 끝없이 자문한다. 그리고 그 대답은 나는 그럴 만한 힘이 없고, 이것을 위해 나는 텅 비어 있다는 것이다."

❖ 언어 안에는 폭력이 작동한다. 더 결정적으로는 글쓰기의 말 안에는, 그리고 언어가 이 작동을 회피하는 한에서. 그런데 이 회피하는 행위도 여전히 폭력에 속한다.

❖ 광기. 이 단어가 배제된 언어를 가정해 보자. 그 다른 언어에서 이 단어는 다른 단어들과의 관계에서 잊힐 것이고, 이 다른 언어에서 이 상실된, 그리고 지속적으로 위협적이고, 지속적으로 질문하는 이 한 단어에 대한 무서운, 금지된 탐구는 말의 모든 가능성들의 방향을 조정하면서 이 언어를, 이 언어를 떠난 이 유일한 단어에 종속시키는 것으로 충분할 것이다. 전제(미친, 그것은 사실이다.), 그런데 광기가 한 이름으로 주어지는 그런 언어를 우리가 가진다는 조건에서 또한 쉬운 전제. 일반적으로, 경험 있는 의사들의 중재로, 우리는 이 사람들 중에서 누가 이 단어를 가진 선고 아래로 떨어지는지를 자문한다. 부득이한 경우, 우리는 이 단어를 질문의 자리에 놓는다. 횔덜린은 광인이었다. 그는 광인이었는가? 아니면 우리는 그것을 특화하기를 주저한다. 다만 과학적인 의심에 의해서가 아니라, 그것을 정확히 하면서, 그것을 어떤 확실한 지식 안에 고정하지 않기 위해서. 정신분열도, 극단적인 것들의 광기를 상기하면서, 우리를 모든 자기 정체성의 힘과 분리하면서, 우리를 우리로부터 멀어지게 하는 이 간격은 항상 그 힘에 대해 너무 많이 말하거나, 그것에 대해 너무 많이 말하는 척한다. 광기는 따라서 자기 자신과 영원히 일치하지 않는 단어이며, 전적으로 질문인 단어이다. 즉 그 단어는 자신의 가능성을 질문하고, 그것을 통해, 그 단

어를 포함하는 언어의 가능성, 결국 질문—그것이 언어의 놀이에 속하는 한에서—그 자체를 질문한다. '횔덜린은 광인이다'라고 말하는 것은 '그가 광인인가?'라고 말하는 것이다. 그런데 이로부터, 이것은 언어를 광기의 위협 아래 놓음이 없이는 광기가 언어를 발견할 수 없을 정도로 광기를 모든 진술에 낯선 것으로 만드는 것이다. 이때 언어는, 그 자체로, 광기가 된다. **광기의 언어**는, 모든 말에서, 말을 말하지 않는 것으로 만들 위험을 무릅쓰고(그 위험 없이는 말은 말하지 않을 것이다.) 말을 말하게 할 가능성일 뿐 아니라, 모든 언어를 억제하는 한계이다. 그리고 이 한계는 절대로 앞서서 이론적으로 한정할 수 있는 것도, 우리가 "한계가 있다"라고도 쓸 수 있는 그런 것도 아니다. 따라서 모든 "있음il y a" 밖에서, 한계는 자신을 넘어서만—넘을 수 없는 것의 넘기—기입될 수 있으며, 이로부터 금지된다. 이로부터 (어쩌면) 횔덜린과 니체로부터 우리가 그리스인들은 디오니소스에서 "광기의 신"을 알아차렸다는 것을 배울 때 우리를 사로잡는 놀라움이 있다. 이 표현은 우리를 미치게 하는 신 혹은 우리를 신처럼 만드는 신이라고 해석하면서 보다 친숙해지는 것이다. 그런데 "광기의 신"은 무엇인가? 그런데 어떻게 멀지 않은 신, 광기에 책임이 있는 신, 그런데 현재하는, 현전 그 자체인, 갑작스러운 계시 안에서 존재하는 등과 같이 일관되지 않은 힘에 의해 덮쳐 오는 것을 환대할 수 있는가? 광기의 신의 현전? 광기의 신. 이미 항상 정지된, 금지된 바깥의 현전, 즉 영원회귀의 수수께끼.

❖ 광기가 모든 언어 안에 현전한다는 사실은 광기가 언어에 누락되어 있지 않다는 것을 주장하기에는 충분하지 않다. 그 이름은 다음의 사실에서 그 사실을 명백히 밝힐 수 있을 것이다. 즉 이름으로서 그 이름은 평화로운 소통을 위해 그 이름을 사용하는 언어에, 단어 밖에, 이 단어를 가지고서 언어 안에 단절이 도입된다는 것을 잊을 수 있는 권리를 준다는 사실에서 그 사실을 밝힐 수 있다. **다른 언어만이 말하는 것이 허락되는 단절**(그런데 그 단절을 알림이 없이).

언어를 보기에 온전한 것으로 허락하면서 언어와 단절하는 광기는 언어 안에서 보이지 않은 파괴를 완성하기 위해서만 언어를 온전한 것으로 허락한다.

❖ 글쓰기, 그것은 아마도 다시 쓰면서 쓰지 않는 것일지도 모른다. 아직 써지지 않은 것을 지우기 (그것 위에 쓰면서), 그리고 다시 쓰기는 그것을 다시 가릴 뿐 아니라, 그것을 가리면서, 앞선 어떤 것, 첫판(첫 번째 우회) 혹은 원본이 있다는 것을 생각하도록 강요하면서 간접적으로 그것을 복권할 뿐이다. 그리고 이로부터 우리는 무한한 해독의 환상적 과정 안에 연루된다.

❖ 말은 항상 권위의 말이다(말하기, 그것은 항상 말의 권위에 의존해서 말하는 것이다). 그런데 글을 쓰는 자를 위해서는 어떤 권위의 상징인 지팡이도, ─비록 그것이 거지의 지팡이를 가장한 것일지라도─어떤 지지도, 어떤 길도 없다.

❖ "항상 매혹적인 삶의 비밀, 그것은 비밀이 없는 우리 모두에게, 그리고 삶의 모든 가능성이 고갈된 우리에게, 삶이 여전히 매혹적으로 남아 있다는 것이다. ―삶과 죽음의 한계에 의해서. ―그런데 삶이 한계로서 죽음을 가지는지 아닌지 알 수 없는 한계에 의해서. 그래서 우리는 무한정한 방식으로, 죽음의 욕망에 의존해서, 삶―삶의 난관들―을 가로지른다는 조건에서, 살아 있는 것 안에서 죽음의 극단적인 한계를 알게 될 것이다. ―그렇다. 바로 이것이다. 우리는 삶에서 그리고 삶의 욕망에 의해, 죽음이 단절하고자 하는 한계와, 거기에 도달함이 없이, 관계를 가진다. 삶은 죽음의 금지일 것이다. 죽음의 금지? 금지가 죽음 자체인 경우를 제외하고 말이다."

❖ **"그들에 대해서 너무 많은 것을 말하지 마라. 위험을 무릅쓰고 우리가 말하고자 하는 것은 결국 우리 자신이기 때문이다."―"우리가 자기 자신을 아는 것보다, 우리가 우리 자신의 모든 것을 안다고 할지라고, 우리 자신을 통해 그들을 더 잘 알 수 있기 때문이다."**

❖ 말하기, 말할 것이 있어서 말하는 것은 우리가 시간적으로 규정할 수 없는 간격을 함축한다. 비록 말하기가 일종의 수동적인 미래 안에 놓여 있는 것이고, 또한 이미 말해진 공식을 따라서 다시 말하는 것이며, 결국 그 자체로서 과거와 미래의 불가능한 공존을 요구하는 것, 즉 회귀의 긍정 안에 연루되는 것이라고 할지라도 말이다.

쓰는 행위에서 작동하는 이 간격. 그것을 존중하고, 그로부터 그것을 배반하기 위해 얼마의 수동성과 무위가 있어야 하는가? 윤리적 당위에서, 역사적 투쟁의 요구에서, 종말론적인 긍정에서, 아무것도, 간격이 제시되는 것처럼 보이는 변형된 방식이 모든 순수한 혹은 불순한 긍정으로부터 그 간격을 배제하라는 요구에서 그 간격을 회복하는지를 결정할 수 없다. 그렇다. 왜 "도덕"은 모든 말에 강요되는 침묵—말 안에서 강요되는 것—이 아닌가? 그렇게 모든 말은 도덕적일 것이다. 그런데 그 말은 항상 도덕 (도덕적 주체에서 표명될 수 없는 말에 의해 상실된 도덕) 안에서 다시 파악하는 것이 불가능하고, 도덕 안에 알려지지 않은 채 머물면서 도덕을 회피할 때 말이다.

❖ **"여기에 올 이유가 없음에도 불구하고, 매번 당신은 오는 것 같고, 오는 탁월한 이유를 가진 듯이 보인다."**

❖ 신이란 이름은 이 이름에 의해 명명된 것이 그 이름이 생겨나는 언어에 속하지 않는 것일 뿐 아니라, 알 수 없는 어떤 방식에 의해, 이 이름이 언어의 부분을 이루지 않는 것이다. 비록 그것이 별도로 존재하는 것일지라도. 이름의 우상화 혹은 다만 그 이름을 발음할 수 없게 하는 (신성한) 경외는 이름 그 자체를 나타나게 하는 그 이름의 상실과 관계한다. 그리고 그 이름은 우리에게 이름이 자신을 은폐하고 그것을 금지하기에 이르는 그 언어에 더 많은 중요성을 부여하도록 강요한다. 그 이름은 우리를 그 최상의 의미들로, 신학

이 허용하는 모든 의미들로 고양시키는 것이 아니라, 그 이름에 고유한 어떤 것도 유발하지 않는다. 그와 같은 이름은 명명하지 않고, 차라리 항상 명명되어야 할 순수한 이름이며, 이름으로서 이름, 그런데, 이로부터 전혀 이름이 아닌, 지시하는 힘이 없이, 우연히 언어에 붙어 있는 그리고 이로부터 언어에 언어를 그 자신과 관계시키는 비-지시의 힘—파괴자—을 전달하는 것이다.

신. 언어는 그 자체 금이 간, 파열된, 배제된 언어의 병으로서만 말한다. 그리고 언어는 곧 자신의 타당성, 자신의 힘, 자신의 건강으로서 병을 회복한다. 언어의 가장 내밀한 병인 회복. 병의 신, 항상 회복 불가능한, 항상 명명되어야 할, 그리고 전혀 명명하지 않는 신은 우리를 치유하고자 한다. 그 자체 치유할 수 없는 치유.

❖ 그들 사이에, 두려움, 같이 나눈 두려움, 그리고, 두려움에 의해, 두려움의 심연 그 위에서 그들은 힘없이, 각자, 홀로, 두려움으로, 죽어 가면서, 만난다.

❖ 만일, 부정하기 위해 말해야 한다면, 그리고, 말하기 위해 긍정해야 한다면, 만일, 결과적으로, 언어가 최초의 긍정에 의해 자신을 해방할 수 없는 것처럼 보인다면, 그래서, 네가 말할 때, 뒤늦게 그 긍정에 저항하면서, 이미 네가 우선 말로서 긍정되고 말 안에서 긍정하는 진술에 갇힌 자라면, 여전히 이 긍정, 진술이 무엇을 의미하는지 알아야 할 것이다. 그것은 다만 있는 바의 것(**하늘이 파랗다.**)만을 말하는가? 아니면, 그것은 **하늘이 파랗다**라고 말하면서, 그 진술

전에 또 그것을 진술하면서, 내가 무언의 금지interdiction를 긍정적인 명령으로 돌리면서, 말해야 할 것(말-해야 함le devoir-dire)을 따라서 말하면서, 그 금지를 위반했다는 것을 말한다. 그렇다oui. 이것은 우리가 말을 할 때 항상 앞선 어떤 것, 전혀 긍정적이지도 진술적이지도 않은 간격 그 자체로, 그것은 차라리 다만 금지로서 우리가 알고 있고 이미 그렇게 고정한, 말함의-사이l'entre-dire*의 거리일 것이다. 위반(이 또한 부정도 한정의 단순한 거부도 아닌 어떤 것)의 말-해야 함, 이것은 모든 말 안에서 말하는 척하면서, 그것을 침묵에 이르게 할 정도로 말을 무겁게 하는 것이다.

　말하기, 그것은 말하지 않을 수 없음이고, 금지에 직면해서 나타나는 말-해야 함(말할 권리, 권리 없는 권리)의 의무를 말할 것이다.

---

* '말함의-사이'(entre-dire), 혹은 '사이에서-말함'은 모든 말, 모든 진술이 여는 공허, 중성적인 것을 지시한다. 이 공허는 질문(하늘이 파란가?)의 대답(그렇다.)이 여는 가능성, 대답이 잠재우지 못하는 질문, 존재의 단절, 중지, 다시 말해 "사물의 상태가 있는 바의 것으로 돌아가지 못하는 순간"(『무한한 대화』*L'entretien infini*, Paris: Gallimard, 1969, p.14), 순간이 순수한 가능성, 기다림, 유예가 되는 시간을 말한다. 특히 둘-사이(entre-deux), '서로 말함'(s'entredire), 즉 '대답'(entretien)이 문제일 때, 말하는 두 사람―그 둘은 쓰기와 읽기, 텍스트와 주석일 수도 있는데―의 대화가 사유와 감정의 교환, 어떤 한 담론, 공동체에 이르지 못하고, 이성의 담론, 단일성, 규칙, 일상의 말을 파괴할 때, 대답은 대화로 구성되는 것을 자신에게 금지하는(inter-dit) '금지'(interdiction)가 된다('entre'와 'inter'는 어원적으로 모두 '사이'를 의미한다). 그러나 이 "금지를 법으로서가 아니라 말함의-사이, 혹은 불연속의 공허로 열면서"(p.389) 말이다. 이렇게 무한히 '사이'(entre)에 '놓인'(tient) 말 안에서 대답자들은 책이 완성될 수 없는 것처럼 사라질 수도, 침묵할 수도 없다. 우리는 항상 최후의 말을 위해 쓴다. "그런데 그것을 발설함이 없이, 그리고 그 의무는 완성되지 않은 채 남아 있다."(p.XII)

❖ 둘 다 타자가 죽을 것이라는 것을 알기에, 모든 것은 공간의 관대함에 의해 확장된다. 깨어 있음이 시간을 염려하지 않을 때, 밤의 도발.

❖ 단편적인 것. 그것에 대한 경험은 없다. 어떤 형태의 현전에서도 경험이 일어나지 않는 한에서, 비록 경험이 일어난다고 해도, 그것은 주체 없이 일어날 것이고, 결국 경험이 배제되는 것처럼, 모든 현재와 현전을 배제할 것이다. 반면 어떤 것과 관계하지 않고, 자기 참조도 없는 단편적인 것의 표시들인 단편들은 그럼에도 이 단편적인 것을 증명한다. 구성되지 않는, 전체의 부분을 형성하지도 않는 조각들, 전체를 조각으로 만드는 것을 제외하고. 그런데 분리되거나 고립된 것이 아니라, 반대로 항상 다수화됨이 없이 다수인 조각들, 분리의 효과들, 항상 분리된 분리, 단편적인 것의 정념, 즉 효과들의 효과들.

❖ **마치 그것들과 독립적인 한 감정이 그것들로부터 오는 것처럼.**

❖ 쓰기는 흔적을 남기도록 정해진 것이 아니라, 흔적에 의해 모든 흔적을 지우고, 쓰기의 단편적인 공간 안에서, 우리가 무덤 안에서 사라지는 것보다 더 결정적으로, 사라지는 것이고, 혹은 흔적들을 파괴하는 것이다. 그런데 은밀하게, 파괴의 소란함도 없이.
　단편적인 것에 의존해서 쓰는 것은 표면과 깊이, 실재와 가능, 위와 아래, 드러나는 것과 감추는 것을 은밀하게 파괴하는 것이다. 따라서 명백한 담론이 보존하는 감춰진 담론은 없으며, 해석학적 독서를 기다리며 의미에 열린 다수성도 없다. 끝없는 중얼거림의 수준에서 쓰는 것은 사유, 말, 책을 제자리에 놓고, 공간 안에 분배하는 것이 불가능한 자리 없는 잉여에 의해서만 표시되는 결핍의 결정에 노출되는 것이다. 이러한 글쓰기의 요구에 대답하는 것은 결핍을 결핍에 대립시키는 것도, 어떤 박탈의 효과를 끌어내기 위해 공허와 놀이하는 것도, 둘 혹은 여러 긍정-진술 사이의 하양blanc을 유지하거나 지시하기 위해서가 아니다. 그러면? 아마도 우선 언어의 공간을 한계로 이끄는 것일 것이다. 거기서 언어를 지우거나 단절하는, 지움의 효과에 의해서 표시되는 그것의 타자성에 의해서만 접근하는, 말하는, 말하지 않는, 다른 공간의 불규칙성이 되돌아온다.

❖ **너무 긴 말에서 나를 해방하라.**

❖ 단편적인 것은 경험도, 글쓰기의 형식 혹은 주체도, 책의 질서와 다른 질서도, 무질서로의 이행도 아니다. 그것은 모호한 요구로, 그것의 매력 아래서 글쓰기의 공간이 단수성singularité의 표시들 혹은 특이점들을 야기하는 것이다. 거기서 그 점들을 단수성의 자리에서 유지하면서 그것들을 단수적인 것들로서 사라지게 하는 복수의 (불규칙한) 선들을 가로지른다. 그래서 거의 무한에 가까운 가로지르는 복수성이 글쓰기의 공간에서 반복될 수 있다. 그 반복이 단수성의 표시를 제거하지도, 이 표시를 정체성 안에서 사라지게 함이 없이 말이다. 이것은 마치 이 공간이 상관적이거나 보충적이거

나 심지어 이차적인 (비본질적인 의미에서) 것으로서 일어나는 것처럼 보인다. 상관적이거나 보충적이거나 이차적인, 즉 일차적이 아닌 것처럼 보이는 것을 밀치면서, 파열시키면서 말이다. 여기에 재시도가 항상 더욱 모호하게 이끌고, 이끄는 모호성의 작업이 있다. 읽기, 쓰기는 "상관관계"를 위해 서로 교환된다. 그런데 읽기와 쓰기는 그 관계를 방해하기 위해 그 관계와 싸우고, 자신들 안에서 그 관계를 산출하고 복원하고자 하는 힘에 대항해서 싸운다.

중요한 것은 쓰기를 읽기로 대체하는 것도, 하나에 우선권을 주고자 하는 것도 아니다. 문제는 하나의 법이 다른 법의 금지가 되도록 그 둘을 중복시키는 것이다. 단편적인 것에 의해, 쓰기와 읽기는 그 기능이 바뀐다. 쓰기가 한 권의 책을 쓰는 것인 한에서, 이 책은 읽기에 의해 완수되거나 유지된다. 아니면, 쓰기는 책을 사라지게 하거나 변질시키는 경향이 있는 읽기에 의해 위협받는다. 비록 쓰기가 항상 여전히 본질적으로 한 번 이뤄지면 영원한 비실재적인 전체성 (작품, 대작) 안에서 손상을 입지 않는다고 할지라도 말이다. 그런데 만일 쓰기가 유일성의 표시들(단편들)을 놓는다면, 그리고 그 표시들로부터 그 (쓰기의) 행로들이 그 표시들을 모으고 합침이 없이, 그들의 간격 내기—우리가 그 간격만을 아는, 이것이 무엇과 분리되는지 모른 채, 공간의 간격 내기를 지시할 수 있다—로서 지시될 수 있다면, 항상 여기에는 읽기가 가로지르는 행로들의 다수성에 생기를 부여하는 대신에, 그것들로부터 새로운 전체성을 구성하거나, 더 나쁘게는 현전과 의미의 세계 안에서, 추가할 어떤 실재 혹은 어떤 것이 부차적으로만 주어지고, 그런데 아무엇도 아닌 것의 부차적인 이 공간의 공허들과 일치하는지를 찾을 위험이 있다.

❖ 등장인물들. 그들은 인물의 자리에 존재한다. 그런데 그들은 부동의 특이점들(지엽적인 불들)로, 희소한 공간 안에서, 거기서 거의 아무것도 일어나지 않을 수 있다는 의미에서, 운동의 행로가 무엇이든지 간에, 그것은 이 점들에서 저 점들로 가고, 이 다수의 행로에 의해 이 고정된 점들은 서로 교환되기를 그치지 않고, 동일한 이 점들은 변화하기를 그치지 않는다. 희소성의 효과가 공간을 한정하지 않는 **한계**에 이를 때까지 무한하게 만들려는 희소한 공간. 희소성의 효과는 단편적인 것에 고유하게 속한다. 여기서 죽음은, 이루는 것faire œuvre이 아니라, 항상 이미 이뤄진 것이다. 죽음의 무위. 이로부터 단편적인 것에 일치하는 글쓰기는, 항상 죽어 감이 일어나는 거기에서 일어나며, 따라서 마치 영원한 죽음을 따르는 것처럼 일어나며, 부재의 토대 위에 문장들과 유사한 것들, 언어의 잔여들, 사유의 한계들, 존재의 가상들을 연출한다. 어떤 진실도 지지하지 않는 거짓말, 어떤 잊힌 것도, 모든 기억에서 떨어진 것도 전제하지 않는 망각. 어떤 확실성도 없이, 영원히.

　욕망으로 돌아온 욕망. 빛의 충돌처럼.

❖ 그런데, 그들과 우리 사이에서, 우리가 끝까지 살아남으라는 요청을 받는 것은 서로의 죽음에 노출되어서만 살 정도로 가까운 우애fraternité의 관계 안에서다. 둘 간에 행해지는 자살에서 하나가 다른 하나가 거

기서 좀 더 천천히 죽어 가도록 하기 위해 자신의 삶을 연장하는 것처럼.

❖ 우애. 우리는 그들을 사랑하고, 우리는 그들을 위해 아무것도 할 수 없다. 그들이 문턱에 도달하는 것을 도와주는 것을 제외하고.

문턱, 마치 그것이 죽음인 것처럼, 그것을 말하는데 경솔함, 서투름이 있는 것처럼. 어떻게든, 그리고 항상, 우리는 죽음이란 다만 대충 한계의 이념을 우리가 표상하는 것을 도와주는 은유라는 것을 안다. 반면 한계는 모든 표상, 모든 한계의 "이념"을 배제한다.

❖ "우리는 진정으로 그들을 보살피고 싶어 하는가?"―"그들은 이미 우리의 무위 안에 떨어진다."―"우리는 그들을 감시한다."―"그런데 경계하는 자는 그들이다."―"우리는 그들을 관찰하고, 우리는 그들을 보호한다."

❖ 문턱의 이념은 규제적 이념으로서 그리고 개념의 방식으로, 어쨌든 일반적이다. 반면 이 "문턱"은 자신을 공적인 공간 안으로 도입함이 없이는, 그리고 그 안에서 사라짐이 없이는 이 같은 단어를 가지고 "윤리적 문턱", "정치적 문턱", "예술적 문턱"을 지시하는 것을 허락하지 않는다.

❖ "그들은 우리를 사랑하지 않으며, 우리에 대해서 아는 것이 없다."―"이것은 그들이 우리를 사랑하는 방식이며, 그들은 우리 옆에 존

재한다."

❖ 그들은 "나는 두렵다"라고 말하지 않고, "두려움"이라고 말했다. 그리고 곧이어서 두려움은 우주를 채웠다.

❖ "우리는 우리를 모르는 그들을 위해 산다." ─ "아, 그들 역시, 그리고 모르면서 그렇게 하기 때문에 그들은 더 우리를 위해서 산다." ─ "그런데 그들은 우리의 삶으로 뭘 하는가?"

그들이 우리를 피하기 위해 애쓴다고 가정하는 것에 의해, 그들을 이렇게 노출된 것으로, 그리고 마치 포기된 것으로 느끼는 데에는 우리를 혼란스럽게 하는 어떤 것이 있었다.

그들이 자신의 투명성에 의해 자신을 감추는 것처럼 뚫고 들어갈 수 없는.

❖ 모든 것은 지워져야 하고, 모든 것은 지워질 것이다. 그것은 글쓰기가 일어나고 그 자리를 가지는 무한한 지움의 요구와 일치한다.

비록 글쓰기가 흔적을 남긴다고 할지라도, 그것은 흔적을 남기면서, 삶의 흔적으로부터 흔적이 생겨나거나 산출되도록 하는가? 우리는 대답할 수 있다. 글쓰기는 흔적의 세계에 의해서 흔적의 지움으로, 모든 흔적의 지움으로 향하는 것이다. 흔적들은 전체성과 대립하고 항상 이미 사라지기 때문이다. 다른 대답도 가능하다. 글쓰기는 표시한다. 그런데 표시를 남기지 않는다. 더 정확히 표시와 흔적 사이에는 글쓰기의 모호한 운명을 거의 설명하는 그런 차이가 있다. 글쓰기는 표시하고 흔적들을 남긴다. 그런데 흔적들은 표시에 의존하지 않는다. 적어도 흔적들은 표시들과 관계하지 않는다. 흔적들은 표시의 순간들과 관계하지 않고, 흔적들은 기원 없이 존재한다. 그런데 흔적들을 영속화하는 것처럼 보이는 영속성 안에서도 끝이 없는 것은 아니다. 흔적들은 자신을 지우고 자신을 대체하면서 영원히 거기에 있고, 그것들을 흔적으로 만드는 것과 영원히 단절되어 있으며, 마치 **하나의** 흔적이 있는 것이 아니라, 항상 같은 그리고 항상 반복되는 흔적들이 있는 것처럼, 다수성과 다른 존재를 가지지 않는다. 글쓰기의 **표시**. 표시하는 것은 어떤 면에서 표시들을 남기지 않는 것이고, 다만 표시들의 부재에 의해서, 다시 말해 잘 구획된 공간에서 복수적으로 분배할 수 없음에 의해서 건널 수 없는 **경계**선을 요구하는 것이다. 그런데 마치 전혀 **다른** 공간의 관점에서, 건넘으로부터 이 경계선을 요구하는 것이다. 표시하는 것, 그것은 표시와 흔적들의 이 분리에 의해서 이 흔적들이 마치 흔적들의 시초로서 표시로 보내지지 않게 하는 것이고, 항상 늘어나고 겹치게 하는 것이다. 흔적들에 의한 흔적들, 해독하기 위해서가 아니라, 복수적으로 지우기 위해서.

표시, 그것은 현재가 결핍한 것이고 현재를 결핍으로 만드는 것이다. 그리고 흔적은, 항상 흔적들이고, 마찬가지로 어떤 최초의 현재로 보내지지 않는 것이고, 흔적은 그것이 사라진 거기에서 잔여로서 혹은 잔해로서 여전히 현재할 것이다.

❖ **그들이 부주의할 수 있다면 ─우리가 그것을 모를 정도로─ 그들은**

우리가 절대로 동의하지 않을 더 많은 주의를 우리에게 요구한다.

❖ 갑작스럽고 우연한 말, 부당하고 잘 다듬어진 말(그런데 항상 교환이 안 되는 말). 무구한 언어의 증여로서 존재하는 불길한 가능성.

❖ "아, 우리는 예전에 우리가 말하는 방식으로 더 이상 말하지 않는다."—"내가 더 나빠 보이는가?"—"아주 나빠 보인다."—"그러면, 더 이상 변화는 없을 것이다. 단지 하나의 가능한 변화만이 남아 있다."—"우리는 아주 오래전부터 그리고 아주 짧은 시간 동안 죽는다."

❖ 모든 진리가 역사이고, 모든 역사가 거짓인 시대. 현재는 없고, 다만 현실적인 것만이 있다.

❖ 쓰기. 작품의 부재를 산출하는 작품, 주체의 부재만을 (혹은 부재로부터만) 산출하는 산출, 표시를 지우는 표시, 무한이 중성에서까지도 작동하기를 원하는 부정법不定法. 따라서 글쓰기는 현재에 의존하지 않으며, 현재를 일어나게 하지도 않는다. 그럼에도 불구하고 쓰기가 거절되지 않고, 또한 조금의 모호성도 없이 과거와 미래의 양태를 버린다면, 그래서 쓴 것과 쓸 것이 다만 **써지는 것** s'écrire이라면, 쓰기는 가벼워지기 위해 조건 없는 조건법('쓸 것이다', '썼을 것이다') 안에 쓰기를 고정시키고자 하는 경향이 있다. 이렇게 쓰기는 위험스럽고 환상적으로 비실재를 실현할 이상적인 하늘 안에 던져진다. 이것은 위험하다. 왜냐하면 쓰기는 조건법에

서 쓰일 수 없기 때문이다. (말라르메, 그와 함께, 우리 모두는 이 유혹을 따르지 않았는가? "그것이 무엇인지 모르지만 이것이 필요할지 모른다.") 조건법의 겸손은 기만적이다. 개인적 장애를 문제 삼는 척하면서, 혹은 글쓰기의 불가능성을 증명하는 척하면서(그것은 불가능할 것이다. 실재가 불가능한 것이 아니라, 순수한 선이 불가능한 것처럼, 하늘에서만 그것이 가능할 수 있다는 것을 제외하고.), 반면 쓰기는, 전혀, 아주 드물게 일어난다고 할지라도, 매 순간 시간의 부재 안에서 일어난다. 그런데 정확히 모든 "일어남"을 앞서는 장소에서, 우리가 잃어버린 것, 지워진 것 혹은 표상 불가능한 것을 지움으로써 그 흔적들만을 아는 표시에서 일어난다. 이로부터 우리가 가지고 노는 정식들이 나온다. 쓰기는 쓴 것이 아니라, 흔적을 남기지 않는 돌발성 안에서 항상 다시 써질 것으로서 항상 이미 써진 것이다. 권위가 없는 것이 아닌 공식, 왜냐하면 그 공식에 의해, 우리는 현재·과거·미래의 양태로 굴절되는 양태들을 잘라 내는 것처럼 보이기 때문이다. 그런데 그 양태들의 활용 그 자체에 의해서 말이다. 이로부터 다시 회귀의 긍정에 대한 대답으로서 글쓰기가 있고, 또 글쓰기 아래에서만 긍정될 수 있는 회귀가 대답해야 할 것으로 글쓰기가 있게 된다.

❖ "글쓰기.—나중에.—나중에. 천천히, 절대로 미래에 다시 회복될 수도, 현재의 순간에 놓일 수도 없는 중단된 것의 충만한 부드러움을 따라서."

❖ 사유의 "아직", 사유할 것이 있다는 것의 관점에서 현재의 이 결함défaillance, 항상 모든 사유의 현전 안에 연루된 이 결함. 그와 같은 "아직"의 모호성은, 글쓰기가 문제일 때, 자신의 자원을 나눠 줄 수 없다.

글쓰기는 그 실천의 복수적 분산에 의해, 모든 지반으로서 모든 지평을 쓸어 버리고 뿌리째 뽑는다. 다시 말해 글쓰기는 전개될 시간이 없는, 그래서 우리가 갑자기라고 말할 수 있는, 격정에 의해 흔적을 남길 시간이 없는 (항상 시간이 있는) 표시를 앗아 가고, 또 "항상 이미"의 요구 아래서만 존재하고, 위반에 의해 금지된 혹은 건널 수 없는 한계를 앗아 간다. 다만 이 한계가 이미 건너진 것이고 곧 그리고 동시에 모든 건넘franchissement으로부터 (모든 열림 franchise으로부터) 돌아선 것이라면 혹은 돌아서자마자. 사유의 "아직"과 쓰기의 "항상 이미"는 그 둘이 유지하거나 제거하는, 그런데 겹치지 않는 둘 사이의 간격을 따라서 기입된다.

❖ 분명, 글쓰기는 토대로서 삶을 가진다. 사유가 자신의 성취의 과정으로서 시간에 의존하는 것과 마찬가지로.

❖ 글쓰기는 토대로서 삶을 가진다는 사실을 무시할 본질적인 힘은 책이라는 자원에 의해 쉽게 발견되고 이론적으로 정당화된다. 책들은 글쓰기를 보존하기 위해 거기에 있는 것처럼 보이고, 고유한 공간 안에서, 간격에서 그리고 모든 삶과의 간격에서, 글쓰기가 구성되는 것을 허락하는 듯이 보인다. 삶의 표현 혹은 긍정으로서 한

정적으로 주어지는 글쓰기는 글쓰기도 삶도 만족시키지 못한다. 글쓰기에 대한 질문에 제시된 정교한 범주들, 실존의 범주들, 존재와 시간의 놀이는 이러한 "생생한" 질문들을 유지하는 데 사용될 수 있었다. 그런데 이런 빌린 삶에 대한 어떤 환상을 만듦이 없이 말이다. 삶은 글쓰기가 삶을 회피하고 삶을 제거한다고 비난한다. 그런데 그런 비난은 삶에서 충만함을 허락하고 살아 있는 것, 삶을 지니는 자에서 반박할 수 없는 현전을 허락하는 글쓰기로부터 온다. 반면 글쓰기는 삶의 한계에 자신을 기입하기 위해 삶을 고갈시키는 것으로서 제시될 수 있을 뿐이다. 결국 이 제안은 이 타자, 전적인 타자에게 자리를 만들어 준다. 쓰기는 결국 글쓰기의 한계에서만 써진다. 거기서 책, 그런데 항상 거기에 있는 책은 책들의 (끝없는) 종말을 재촉한다.

❖ 글쓰기의 한계에서 쓰기. 그런데 모든 것은 반복된 이 용어들의 차이 안에서 일어난다. 반복의 그 가능성이 차이를 회피하면서 차이로 보내지는 반복 그 자체에 의해 억류된 차이. 이 차이는 비록 그것이, 현재에서 반복된다고 말해짐이 없이, 항상 반복될 것이라고 할지라도, 항상 이미 필연적으로 반복된 것이다.

❖ **그가 도시를 지나갈 때, 도시는 그에게 지속적으로 "난 두려워, 두려움의 증인이 되라"고 중얼거렸다.**

❖ **그는 두려움을 운반한다. 그런데 그 두려움은 그에 속하지 않는다. 운**

반될 수 없는 두려움, 그것을 느끼는 사람도 없이, 모든 이에게서 제거된, 결핍된 두려움.

❖ 두려워하는, 그리고 그것을 모르는 자를 위한 두려움. 공허한 두려움의 무너진 중심.

두려움, 한계로서 죽음을 가지지 않는 두려움, 그것은 타인의 무한한 죽음일지라도. 그런데 나는 죽음을 두려워하는 타인을 위해, 나 없이, 헛되이 그를 대신하는 이 나로부터 멀어지면서 죽을 타인을 위해 두려워한다.

❖ 두려움은 내가 두려움을 질문하는 것을 허락한다. "그런데 왜 두려운가?"—"묻지 마라. 나는 두렵다."—"두려운가? 이렇게, 두려움까지?"—"너는 나에게 묻는다. 너는 나에게 그것을 묻지 말았어야 했다."—"그런데 나는 네가 두려워하는 것과 같은 방식으로 그것을 묻는다. 나의 물음은 너의 두려움이기에."

❖ 두려움, 우리는 그것을 치명적이라고 부른다. 반면 두려움은 우리를 끌어당기는 죽음을 우리에게서 감춘다. 그런데 항상 두려움은 나를 초과하고, 내 안에서 두려움은 숨는다. 두려움은 그것을 가진 자 안에서는 부재한다. 두려움이 그것을 발설하는 언어 안에 부재하는 것처럼. 이때 우리는 우리 자신에게 낯선 자가 되고, 두려움은 접근 불가능한 누군가를 위한 두려움이 된다. 그리고 죽음은 누군가를 우리의 도움으로부터 떼어 놓는다. 비록 그것이 요청되고 기

다려지는 것일지라도.

❖ "두려워하는 자는 그것을 모르고, 도움을 요청하지도 않는다." ─ "내가 항상 두려워하는 것은 바로 그 때문이다."

❖ 우리는 고통을 말하고, 우리는 불행을 말한다. 그런데 두려움은?

❖ 두려움. 그것은 마치 그에게 모든 것을 잊게 한 이 단어를 상기하듯이 일어난다.

❖ 두려움, 그것은 사후의 도시에서 그들이 우리에게 준 선물일지도 모른다. 그들을 위해 두려워할 가능성. 두려움이란 단어 속에 주어진 두려움, 느껴지지 않는 두려움.

❖ 그들은 둘 다 속임수를 쓰지 않는다. 그는, 여전히 손상되지 않은 삶, 모든 이에게 약속된 매일의 삶을 전제하는 그의 기획에 속한다. 그리고 그는, 이미 결핍과 다르게 말할 수 없는 손상된 말만을 듣는다. 그들 사이에, 두려움에 대한 책임.

❖ "사실, 나는 두렵다." ─ "당신은 아주 침착하게 그것을 말한다." ─ "그런데 그것을 말한다고 무서움이 진정되는 것은 아니다. 반대로 이제 나를 두렵게 하는 것은 이 단어다. 한 번 말해진 것은 내가 그것을 다르게 말하는 것을 허락하지 않는다." ─ "아무도, 아무도 두려워

하지 않는 듯이 아주 조용한 말로 나 역시 '두렵다'라고 말한다." —"이제부터 모든 언어는 두려워한다."

❖ 이 언어의 두려움. 그 안에서, 다만 언어에 속함으로써 단어들의 질서에 속하는 어떤 단어가 언어와 떨어져서 그것 위로 고양하기 위해 그것을 지배하면서, 어쩌면 그것을 자르면서, 적어도 그것에 한계를 부여하는 척하면서 항상 열려 있는, 언어로 돌아올 이 가능성과 다른 것을 보지 않을 가능성이 그에게 부과되었다. 이 두려움은 그것이 은유적일지라도 언어가 두려워한다는 것을 의미하는 것이 아니라, 그것은 언어의 한 부분, 즉 언어가 잃어버린 어떤 것이고, 언어를 전적으로 이 죽은 부분에 의존하게 한다는 것을 의미한다. 전적으로, 다시 정확히 말해, 통일성 없이 조각조각 자신을 재구성하면서, 의미와 전적으로 다른 것으로서 만든다는 것을 의미한다. 물론 은유는 결국 언어가 의미의 과정과 다른 것이 될 가능성을 불확실한 상태로 유지하기 위해, 자신을 위험에 빠트리지 않으면서 개입한다. 은유를 통해 언어의 두려움은 말하는 것의 두려움이 된다. 혹은 모든 말의 본질을 이루고, 모든 침묵처럼 말의 모든 사용을 두렵게 만드는 두려움이 된다. 언어의 두려움. 언어를 엄습하는 두려움은 언어가 **잉여의 말, 여분의 말**—두려움, 신, 광기—인 한 단어, 즉 주체의 지위와 역할을 대신하는 "그"를 상실할 때 일어난다.

❖ 왜 이 이름들은 그렇게 무거운가? 마치 이 이름들이 솟아나는 언

어의 모든 무게를 다 짊어진 것처럼, 또 그 자신 안에 너무 많은 것을 담고 있는 것처럼 말이다. 신은 한 이름이고, 순수한 물질성이고 아무것도 명명하지 않고, 자기 자신조차 명명하지 않는데 말이다. 바로 여기서 그 이름의 마술적이고 신비적이고 문학적인 도착이 있으며, 모든 신의 이념이 가진 신의 불투명이 있다. 그런데 두려움처럼, 광기처럼, 신은 사라진다. 그런데 신이 사라진다면, 그것은 다른 언어의 전달자의 이름으로서일 것이다. 다만 이런 사라짐이 다른 언어의 시작을 대신할 수 없는 한에서. "신의 죽음"은 아마도 한 단어가 언어 밖에 떨어지도록 내버려두기 위해 역사적인 언어가 허망하게 가져오는 도움 이상은 아닐 것이다. 여기서 다른 언어가 알려져 옴이 없이. 절대적 말의 실수lapsus absolu.

❖ 그리고 우리는 반복할 뿐이다. 밤의 반복, 말하는 자의 반복. 이것은 죽어 감인가? 이것은 두려움인가?

❖ 길에서, 어두운 눈을 가진 모르는 한 여자l'inconnue를 멈춰 세우고 그녀에게 "무서워요. 잠시 저와 함께 갈 수 있어요?"라고 말하는 자는 항상 동반자로서 그녀에게 두려움을 유발한다. 그런데 그는 그녀에게 자신의 생각을, 위험에 빠진 사유를 맡긴다. 관계의 적절성을 벗어날 뿐 아니라, 관계의 인간적 관계를 벗어나는, 그래서 우리가 비이성적이라고 명명해야 하는 것의 표시인 어떤 부름에 의해 모르는 자l'inconnu ─그런데 이 모르는 자는 얼굴을, 그것도 모르는 여자의 얼굴을 가진다─에게 자신을 다시 맡기면서 말이다.

따라서 바깥을 살짝 건드리는 미끄러짐 안에서 광기 밖으로 나아 가기 위해서는, 광기를, 여기서 단지 우연한 창발의 어떤 한정 안에 서 유지되는 광기를 거쳐 가야 한다. 물론 모든 인간은 즉각적으로 타자가 아니라는 사실을 잊는 것 —고려하지 않는 것 —에는 이성 적이지 않은 어떤 것이 있다. 그리고 타자의 사유, 즉 그의 광기는 말에 의해 (말이라기보다는 거의 들리지 않는 중얼거림에 의해) 매번 용서될 수 있었다. 그리고 모르는 여자가 아주 단순하게 그를 환대 하고, 그녀를 불러 세운 그의 손을 잡고, 부드럽게, 마치 우리가 맹 인에게 길을 건너가게 하듯이, 밤을 건너게 해줄 때, 우리는 이런 환대에 대해서, 인간 사이에 열린, 함께 나눌 수 없는 것(광기에 의 한 분리)에 의해 열린, 이 있을 법하지 않은 환대에 대해 아무런 결 론도 내릴 수 없다. 다시 한 번 여기에 이성을 흔드는 것이 있다. 다 만 그것에 속하지 않는 이 흔들림을 그것에 맡기면서, 그리고 이것 에 대해서 아무런 결론도 내리지 않는다는 조건에서(그것의 의미를 찾지 않는다는 조건에서).

모든 결론, 모든 해석은 사유와 그 타자 사이의 균형적 관계를 다시 세우기 위한 사유의 시도로서 망상적일 것이다. 이것은 선의 징후였고, 누군가는 나에게 선이었다고 말하는 것은, 마치 모든 선 함의 이전과 너머에 존재하듯, 선이라 불리는 것도, 혹은 어떤 선 한 일을 했다는 것도 거부할지도 모르는 이 인간적인 여자를 그녀 자체에서 박탈하는 것이다. 또 이것은 각자가 아무것도 묻지 않고 각자를 환대하는 완벽한 사회 안에서 일어날 것이라고 말하는 것 은, 광기나 두려움이 그 사회에서 어쨌든 금지되거나, 한 개인이 진정으로 이 병의 특수성을 인정하거나 그것에 은신처를 제공함이 없이 공동체가 그것들을 돌보기 위해, 공동체에 맡겨진다는 사실을 잊는 것이다. 또 절대적으로 맡겨진 자는, 자신의 두려움을 우정—법 없는 우애—에로까지 이끌면서 무한한 신뢰 속에서 이미 닫힌 말로부터 대답을 발견한다고 말하는 것은, 단 한번 일어난 것을 영원히 일어날 것으로 만들면서, 불가능한 것으로, 즉 그 자체 불가능한 실재로서 알려지는 것을 법으로 만드는 것이다. 이 기호를 받은 자는 즉각적으로 여기에는 어떤 권리도 없다는 것을 아는 것만이 아니라, 그가 환대되었던 것처럼 환대되는 것과 달리, 버려진 자들은 큰 강 이외에 다른 출구 없이 이제 함께 이 기호를 끌고 간다는 사실을 안다. 이때 어떻게 즉각적으로 결핍으로 환원될 운 혹은 우연을 말하면서, 특히 타인의 **목숨**이 걸려 있을 때, 이 "사건"을 떠났다고 주장할 수 있는가?

❖ **이것은 죽어 감인가, 이것은 두려움인가?** 침묵의 불안, 그리고 이 침묵은 무언의, 벙어리의 비명처럼, 그런데 끝없이 비명을 지른다.

❖ **불안.** "아무것도 하지 마라. 이것도 지나치다."—"그럼, 존재하기를 그치란 말인가."—"너의 존재를 건드리지 마라."
　네게 남은 일은, 네가 만든 이 아무것도 아닌 것 안에서 너를 부수는 것이다.

❖ 만일 내가 진리 안에 있는 것처럼 불안 안에 있다면, 이미 나를

속이는 것은 진리이고, 그런데 속으면서 내가 떠날 수 있는 것은 바로 이 진리이다.

우리가 어떤 문턱을 넘었을 때, 항상 우리도 모르게, 이미 자신의 표시인 불확실성 안에서, 모든 것은—불안이 아닌 것을 포함해서—불안에 속하고, 이것은 함정이다. 그런데 불안은 간계 없이 존재하고, 충실하고, 단순하고, 조용하다. 이것은 아마도 불안이 모든 법을 회피하기 때문일 것이다. 숲의 조용함을 가진 야만, 일어나지 않을 어떤 것을 기다리는 조용함.

❖ 이중적 들림. 해석 가능하고, 항상 명명될 준비가 된 풍성함을 가진 도시의 소음과, 단조롭고, 원시적이고, 들리지 않고, 단조로움에 속하는 갑작스러움과 예측할 수 없는 파열을 가진 파도거품의 웅성거림과 닮은 동일한 소음.

❖ 지식의 한계이면서, 지식에 속하는 "나는 모른다"가 있다. 항상, 우리는 그것을 너무 일찍, 여전히 모든 것을 알 때—혹은 너무 늦게 발설한다. 내가 모른다는 것을 내가 더 이상 모를 때, 나는 아무것도 말하지 않으면서 그것을 말한다.

나는 내가 그것을 아는 것보다 그것에 대해 잘 모른다. 내가 비-지식과 만나기 위해—나는 그것에 이르지 못하거나 그것에 떨어지면서—내가 도약해야 하는 것은 바로 이 지식의 자기 자신에의 늦음이다.

❖ 불안. 그것을 명명하는 모든 것에 대한 공포, 그리고 그것을 명명하면서 그 정체성을 밝히고, 그것을 고양하는 것에 대한 공포. 불안은 우리가 그것에 대해서 말하는 것을 원치 않는다. 마치 우리가 말을 시작하자마자, 말을 하는 것은 불안이고 우리는 아무것도 말하지 않는 것처럼.

불안이 불안을 말하게 내버려두거나, 그것을 말하지 않으면서, 불안이 모든 침묵을 차지하도록 내버려두라.

불안—우리가 그 말의 부적절함, 그 철학적이고 정서적인 주장을 가지고, 비명을 지르면서 감추고자 하는 이 발설할 수 없는 단어. 그런데 그 말이 나로부터 얼굴을 돌릴 때, 나는 알 수 없는 자인 타인으로부터 그것을 아주 고통스럽게 받는다. 무능한 염려의 애원.

❖ 불안은 읽기를 금지로 만든다(분리된 말들, 위태롭고 파괴적인 어떤 것, 더 많은 텍스트, 무용한 모든 말 혹은 내가 모르는 어떤 것으로 사라지면서, 거부를 가지고 나를 거기로 끌어당기면서, 부정의로서 이해되는 것). 이때 글쓰기는 부정적인 환상의 효과이고 읽을 어떤 것도, 이해할 어떤 것도 주지 않는다.

❖ 불안이 불안을 금지할 때, 불안은 나를 더 잘 장악하기 위해 내가 불안을 포기하는 것을 방해한다. "너는 나를 위반하지 않을 것이다."—"나는 너를 희생시키지 않을 것이다." 확실한 불안의 불-확실함.

❖ 그것은 모든 윤곽을 가지고 나타나지 않는 한 모습이기에 거기에 마치 그가 보지 못하는, 없는 모습과 같다. 그리고 그가 그 모습과 가지는 관계의 끝없는 결핍은, 현전도 부재도 없이, 공동의 고독의 징후이다. 그는 그것을 주저하는 심장의 울림이라고 부른다. 비록 그가 그것이 언어 안에서 조차 이름을 가지지 않는다는 것을 안다고 할지라고. 그들은 이것도 저것도 살지 않는다. 삶은 이 둘을 공간의 가장자리에 두면서 그 사이로 지나간다.

말들 한가운데 말 없음.

❖ 선호하는 단편.

❖ 그는 더 이상 질문할 수 없다. 불안은 또한 이 질문의 우회이고, 불안에 대해 질문하는 것의 방해이다. 불안의 이 알 수 없음은, 질문 받는 것을 허락하지 않으면서, 우리에게 질문한다. 질문을 허락하지 않는 자 앞에서의 무능.

❖ **그들은 자신에게 죽음의 욕망을 줄 힘도 도약도 없이 살 것이다.**

❖ 불안은 아무것도 하지 않고, 누군가 뭔가를 하는 것을 방해하고, 향유에서 혹은 권태의 불만에서조차 뭔가를 하는 것을 방해한다.

❖ 그는 희망을 가질 정도로 충분히 회의적이지도, 허무주의 안에 멈출 만큼 충분히 희망적이지도 않다. 희망 없는 이 알 수 없음. 불

안, 의심의 불확실성, 그 실행을 위해 아직 결정할 것이 남아 있는 의심을 배제하는 불-안정.

마치 지속적인 주의력 아래 있는 것처럼 부주의한. 그가 그것을 안다고 해도, 그 정체를 밝힐 수 없는 경계하는 사유. 사람들은 그것은 기습 그 자체인 죽음의 기습을 금지하기 위해 거기에 있다고 말한다.

❖ 죽음의 욕망은 진절머리를 내고, 그들에게는 죽는 것만이 남아 있었다.

별들에게 아무것도 요구하지 않으면서, 생각 없이 죽어 감. 욕망하기, 시선과 관계를 가지기를 그만두기, 하늘로부터 멀어지기, 욕망은 바로 이 우회이고, 그것에 의해 "나는" 자신을 생각하기를 그친다. 욕망은 이때 별 없는 밤과, 이 지루하고, 불충분한 밤과 관계를 가진다. 도달할 해안도 없이 표류하면서.

❖ 밤에, 밤으로. 미래의 몽상, 깨어진 잠. 밤 때문에 죽어 감.

그가 밤 때문에 숨을 거둔 것은 아침에, 영원히 거치지 않는 안개 속에서다.

❖ 그는 더 이상 자신을 한정하지 않고 조각으로 부순다.

❖ 유혹. 선호하는 단편, 마치 비-단일성 안에, 그것이 혼자 존재할 수 있는 것처럼. 최후의 것, 최후의 것, 간결함 없이, 장소 없이, 거

스르는 집념. 결국 부드러움에 녹아들고, 그 안에서 다시 파악되는 무한의 말.

❖ 둘 사이에서 망설이는 불안의 거대한 과업 안에서 선택의 여지 없이 불안에 의해 선택된 말. 불안의 작품, 붕괴의 망치, 불안 안에서 은신처를 찾는 불안.

불안과 항상 가까운 멂, 지워진, 다시 그려진 불안의 흔적. 우리를 불안에 떨게 하는 젊은 어떤 것과 함께, 절대로 전체가 아닌, 조각난, 부서진 불안.

❖ 흩어진 간결함은 고집스럽게 지속되고, 느림이 되고, 결국 중단된다. 항상 되돌아오면서도 나를 알아보지 못하는 고통처럼. 그것의 거만은 나의 애원이다.

조금의 불안, 항상 초과된 나의 모든 것—이것은 내가 나와 함께, 너와 함께하는 것을 방해한다. 그치지 않는 일시적 중단.

❖ **침묵, 나는 너를 웅성거림으로 안다.**

❖ *그는 닫힌 세계 안에 존재한다. 그 닫힘은 거기서 산출되는 유일한 사건이다.*

❖ *그는 손이 닿지 않는 곳에, 그런데 우호적이고 가까운 곳에 자신을 놓는 어떤 결정을 내렸는가?*

❖ 침묵과 침묵 사이, 교환된 말─무고한 중얼거림.

❖ 침잠하는 불안.

❖ 다수의 매혹 아래서 유일한 것과 멀어진 그는 다수의 생각들 혹은 모순적인 무한의 생각들을 지니지 않는다. 다수는 그 생각들을 희소하게 하고, 유일한 것으로 만든다.

❖ **내 안에, 나를 해체하는 것과 다른 일을 하지 않는 누군가가 있다. 무한한 점유.**

❖ 많은 질문을 한 그에게, 죽음은 잃어버린 질문처럼 천천히 부드럽게 온다.

❖ 죽어 감은 매번, 우리가 말하는 거기에서, 부정처럼, 긍정하고, 긍정되는 것을 억제하는 것이다. 그것은 이해된다. 이때 우리는 그것을 이해했다고 믿는다. 그런데 그것은 암암리에 일어나고, 불안의 소음마저 정지된다.

❖ 죽어 감, 그것은, 말하자면, 불안 없는 삶이다.

❖ 다시 홀로, 다수에 제시된, 불안의 다수성 안에서, 자기 자신의 바깥에서, 부름 없이 신호하는, 타자를 위해 억제된 하나. 고독, 그

것은 분명히 장소 없는 공간이다. 현전이 비-현전으로 명명될 때, 거기서는 아무것도 하나가 아니다. ─유일한 것에 대한 불신 없는 도전. 고독은 때때로 나에게 고독을 감춘다.

다시 홀로, 유일한 것에 대한 도전. 타자를 위해 상실된 하나.

❖ 불안의 특징. 그것은 모든 왜를 밀어내고, 그것의 결핍에 대답하지 않는다. 왜의 부재는 그런데 휴식으로 인도되지도, 알 수 없는 어떤 영광으로도 인도되지도 않는다. 반대로 그것은 죽어 감이 더 이상 불안을 벗어나게 하는 출구로 나타나지 않는 아주 큰 위험이다. 어떤 위험? 질문도, 위험도 없는 미지의 위험.

❖ 불안이 무고 그 자체라고, 물론 미지의 무고라고 가정할 때, 인간은 이 무고를 견디지 못하는 것에 대해 죄의식을 느낀다. 그를 불안하게 하는 이 무고에 대한 죄의식.

❖ 죽어 감은 불안으로부터 우리를 자유롭게 한다(죽어 감, 불가능한 죽음의 잔류효과, 먼 가까움). 마치 불안이 죽어 감을 모르는 것처럼. 그런데 둘 다 예외 없이 지연되는 미지.

❖ 비-시식은 이 불안의 왜의 부재에 대한 대답으로 간주되기를 바란다. 그런데 그것은 불안의 공허한 울림, 그것의 부동하는 반복이다. 적어도 불안을 반복하면서 혹은 그것을 앞서면서, 비-지식이, 불안이 유지하고 불안을 유지하는 상실의 끌어당김에서 이미 상

실된 이 밤, 이미지 없는 밤의 말 없는 밤이 아니라면 말이다.

❖ **고통스러운 입은 수동적으로 말하고 있었다.**

❖ "파괴적인 요소 안으로 들어가라." 우리는 이 초대를 포함하지 않는 단어는 하나도 쓰지 않는다. 그리고 때때로 불필요한 초대—너 자신을 파괴되도록 내버려둬라.
　불안의 언어 안에는 '이것은 가능하다'고 말할 수 있는 단어들이 없다.

❖ 도전 혹은 하찮은 것. **그는 말을 가진 침묵을 듣는다.**

❖ 반복될 수 있는 것은 다만 존재하지 않을 수 있는 것이다. 대체될수 없는 것, 유일한 것, 그 안에서 일자는 자신의 가상 안에서 사라진다. 마치 법이 없는 곳에서만 반복이 있는 것처럼. 전적인 붕괴로서 극단의 반복, 중성, 산출됨이 없이 사라지는 것.

❖ 의혹 없는 불안, 우회에 열린, 두려움으로 가벼워진, 저항들 위로고양되는, 모든 거부를 받아들이는 불안. 사유, 사유의 상실.
　불안, 그것이 주체를 탈주체화한다면, 불안은 주체를 허용하지않고, 그것의 권위(경험)를 거부하고, 불안이 느껴지지 않는 거기에서 전적인 불안이다.

❖ 나는 모른다. 그런데 무지를 위한 "나"는 없다.

❖ 상실은 불가능하다. ─ 그것은 불가능성을 통과한다. ─ 그래서 상실은 진정으로, 사유의 상실la perte de pensée, 절대로 보상되지 않는 상실이다. ─ 상실은 요구다. 상실은 소비된dé-pensée,[*] 즉 상실의 상실인(취소도 회귀도 없이) 사유를 요구한다. 다만 반복하면서, 중성의 만기(만기에 이르지 않는 운).

질문의 도약. 질문은 중성에 의존할 것이고, 부동의 추락 안에서, 자신 위로 도약한다.

❖ 그런데 우리는 항상 중성에 대해 자문할 수 있다. 질문을 돌리고, 반복하고 침묵으로, 침묵하지 않는 침묵으로 던지는 불안에 의해 중성을 질문하면서.

❖ 사이entre. 사이/중성entre/ne(u)tre.[**] 놀이. 그런데 여분의 한 철자를

---

[*] 'dé-pensée'는 하이픈(-) 없이 소비된(dépensée)을 의미한다. 그런데 블랑쇼는 이 단어 사이에 하이픈(-)을 넣으면서(dé-pensée) '소비된'을 또한 사유(pensée)의 상실(dé)로 읽는 것을 가능하게 한다.

[**] entre/ne(u)tre, 이 안에서 여러 개의 말놀이가 놓여 있다. 우선 'entre'는 '사이'라는 의미이기도 하지만 동사 'entrer'(들어가다)의 2인칭 명령형이기도 하다. 이 단어는 이 책을 열면서 'entrons'이란 1인칭 복수의 형태("이 관계 안으로 들어가자.")로 쓰인 적이 있다. 다시 말해 이 말은 '사이'라고 읽을 수도 있지만, 이 관계 안으로 '들어가라'고 읽을 수 있다는 것을 말한다. 그리고 'ne(u)tre'를 보면 우선 n'être(존재하다être라는 동사원형에 부정부사 ne가 붙은 형태)로 읽을 수 있으며, 'netre'는 철자의 자리가 바뀐 'entre'이기도 하다. 결국 n'être(비존재, 밤)에 여분의 한 철자인 'u'가 삽입되면서 'neutre'(중성)이라는

가지고 부정적 현전을 미끼로 밤을 부르는 행복 없이 노는 놀이. 밤은 밤이 꺼진 중성에서도 밤을 비춘다.

❖ 중성의 수수께끼. 중성이 한 이름에서 반짝이게 하면서 진정시키는 수수께끼.

❖ "당신입니까?"—"납니다."—"당신은, 대낮에."—"어둠의 대낮에." 그가 집에 왔을 때, 대낮에, 어둠과 인사를 나누면서.

❖ 뫒들을 통과하면서, 홀로 들어야 할, 듣지 말아야 할, 어떤 목소리, 다시 누구의 것도 아닌 목소리를 목소리로 가져온다. "들으세요."—"들으세요." 침묵 안에서 어떤 것은 말하고 있었고, 어떤 것은 침묵하고 있었다. 진리는 소식을 전하지 않는다.

❖ 뫒을 통과하는 것. 접근함이 없이 뫒을 뫒으로 돌려보내는 것.

❖ 뫒은 뫒을 뿌리치면서 가까움을 부른다. 모순에 의해 자신을 정의하기 위해서도, 닮음과 차이에 의해 가까움과 짝을 하기 위해서도 아니다. 다만 둘 사이의 간격이 여전히 뫒에 속한다는 것을 말하기 위해서다. 가까움은 가까움을 뿌리치면서, 그것을 소비하는

단어가 만들어진다. 여기서 블랑쇼는 이 말의 라틴어 어원과 다른 의미를 이 말에 주고 있다.

즉각적인 것을 부른다. 가까움은 항상 가까움일 뿐이다. 현전의 근접성은 현전이 되지 않는다. 왜냐하면 현전은 절대로 가까움이 아니라, 현전은 항상 이미 단번에 어떤 점진적인 진전도, 해가 뜨고 지는 것과 아무 관계없이, 거기에 존재하는 현전의 절대성을 주장하기 때문이다. 가까움은 현전에 의해 멂에 속한다. 그리고 멂에 의해 간격과 한계의 어떤 규칙도 정해지지 않은 놀이에 속한다. 이 비결정성이 가까움과 멂을 접근시킨다. 이 둘은 모두 어떤 자리에 놓인 것도, 놓일 수 있는 것도 아닌 것이며, 절대로 어떤 장소와 시간에서 주어지지 않는다. 반면 이 각각은 자신의 고유한 시간과 장소에서 간격을 소유한다. 어디에 멂이 있으며 어디에 가까움이 있는가? 멀어짐, 가까워짐. 동사는 이름 전에 기호를 동반한다는 사실을 인정하자. 멀어짐은 고정된 점을 전제하고, 이 점과의 관계에서 멀어짐이 있을 것이다. 이 고정점은 다시 현전이다. 멀어짐은 멀어지기를 그치지 않는다. 왜냐하면 멀어짐은 그 시작이 없는 것처럼 끝이 없기 때문이다. 물론 우리는 그는 멀어지지만 그는 여전히 가깝다고 말할 수 있을지도 모른다. 비록 멀어짐의 무한한 힘이 모든 "가까움"의 규정을 방해한다고 할지라도 말이다. 그리고 가까움은 참조로서 멂을 가지지 않는다. 반대로 가까움은 모든 이웃을 배제하는 현전의 주변을 가진다. 따라서 가까움은 절대 현전에 의해 밀리고, 간격을 유지하고, 멂의 간격 안에서 다시 파악된다. 우리는 두 항을 매개할 수도, 그 둘을 관계시킬 수도, 더 나아가 사유의 필연성에서 그 둘을 함께 유지할 수도 없다. 가까움은 접근하지 않는다. 왜냐하면 그것에는 현전의 존재가 없기 때문이다. 이 결핍은 다만 현전의 결핍만이 아니라, 무수한 멂을 가지는 결핍이다.

❖ 가까워짐은 멀어짐과 놀이를 한다. 멂과 가까움의 놀이는 멂의 놀이다. 멂들에 가까워짐이란 정식은 멂의 특성을 가진, 현전이 어떤 식으로든 항상 먼 현전과의 접촉에 의해 멂들을 파열시키고자 하는 것이다. 이때 다시 현전과 멂은 연결될 것이다. 먼 현전, 현전의 멂, 멂들은 저기서 현전할 것이다. 가까움은 이때 홀로 현전의 감염으로부터 보호될 것이다. 가까움, 그것은 현전이 아니다. 가까움은 절대로 지키지 않을 것을 약속한다. 달아나면서 다가오는 것의 찬양, 칭송. 다가오는 죽음, 가까운 죽음의 멂.

❖ 멀어짐. 그는 멀어진다. 그런데 나는 절대로 나로부터 멀어지지 않는다. "나"는 자기와 더불어 현존재, 어떤 멀어짐에 의해서 영향 받지 않는 결정적인 현전을 동반한다. "나"를 말하는 자는 여전히 현전을 말한다. 신적 편재는 항상 이미 현전의 멂에 참여하는 현전의 힘이다. 물론 신은 탁월한 멂이다. 그런데 이 멂은 진리인 현전, 순수한 현전의 멂을 가진다. 멂과 가까움은 "그"의 매혹 아래서 부재를 회피하듯이 현전을 회피하는 영역이다. 유령의 진술, 비-현전의 약속들과 마찬가지로, 그는 멀어지고, 가까워진다.

❖ 공간에 틈이 있는 것처럼 시간에 틈이 있을 것이다. 그러나 그것은 시간에도 공간에도 속하지 않는다. 이 틈 안에서 우리는 글쓰기에 이를 것이다.

❖ "나는 그들을 그들의 이름 안으로 끌어당기고 싶다." — "분명 탁월한 이름." — "잊힌, 더 이상 통용되지 않는 이름." — "우리는 아무것도 잊지 않는다." — "그들이 모든 이름들 위에 있는 이 이름 안으로 들어갔을 때, 그들은 확실한 걸음으로 뜰들을 지나서 우리로 걸어올 것이다."

❖ 밤에 매달린 입술들, 그는 밤을 말하지 않았다.

❖ 근접성은 다시 현전에 반해서 어떤 것을 말한다(현전을 억제한다). 가까운 것은 다만 현전이기 위해서는 너무 가깝다. 근접성에 의해 나는 "너"를 말할 수 있다(비록 그것은 밤의 말들 안에서일지라도). 나는 따라서 현전을 산산조각 내는, 말하자면 현전을 제거하고 그것을 파괴하는 데 이르는 어떤 내밀성에 대해 말할 수 있다. 이때 나는 "너는 너무 가까워서 현재하지 않는다"라고 말할 수 있다. 그런데 누구에 가까운가? 내가 아니라면, 정확히 누구에 가까운가? 따라서 나는 잘못 불려진 "너"의 모습에서, 다시, 그는 너무 가까워서 그는 저 아래, 저 바깥에 뜰이 가져온 기호들 가운데 존재한다는 것을 잘 안다.

❖ 그는 거기에 살고, 그의 주변에 집이 건축되었다. 나는 창문 너머로, 내가 말하는 것을 듣지 못한 채 기다리는, 그 기다림에 의해 우리의 너무 많은 말들을 소진하는 그를 보았다.

❖ 그는, 항상 아주 가끔 오고 가는 그들의 행보에서, 그들은 절대로 거

기에, 우연히 그들이 만날 수 있는 길에서조차도, 없을 것이고, 그들은 저 아래, 간결하고, 간소하게, 그들의 이름에 의해 규정된(금지된) 채 있을 것이라고 결론 내릴 것이다. 가깝거나 먼 그들, 따를 수 없는 것을 따라서, 우연.

❖ 우리는 중성에 대해서 항상 질문할 수 있다. 중성은 우선 몇몇 문법 안에서 나타난다. 그리스어의 'to'[*]는 아마도 우리의 전통에서 최초의 개입일 것이다. 지금까지 잘 밝혀지지 않은 것이 놀랍기는 하지만, 이것은 한 기호에 의해, 사실 기호들 가운데서 나중에 철학에 의해 요구된 새로운 언어를 결정한다. 그런데 새로운 언어를 도입한 이 중성을 희생하면서 말이다. 단수로서 중성은 명명을 회피하는 어떤 것을 명명한다. 그런데 조용히, 수수께끼의 소란함도 없이 말이다. 우리는 그것을 겸손하게, 별다른 중요성을 부여하지 않고, 그저 사물la chose이라고 부른다. 명백히 사물들les choses은 사물과 다른 질서에 속하고, 우리에게 가장 친근한 것들이기에, 우리는 이 사물들에 둘러싸여 산다. 그런데 이것들이 어떤 투명성을 가짐이 없이. 그래서 사물들은 빛을 받아 빛날 수 있지만, 빛을 통과하도록 하지 않으며—비록 사물들이 그 자체 빛으로 이뤄졌다고 할지라도— 빛을 어둠으로 환원한다. 반면 사물은 그, 중성, 혹은 바깥처럼 그 특징으로 자신을 단수화하는 경향을 가지고, 또 그 결함으로 비규정성 안에 쉬는 것처럼 보이는 복수성을 지시한다. 사

---

[*] 그리스어에서 'to'는 중성 관사, 중성 관계대명사, 중성 지시대명사다.

물이 중성과 관계한다는 사실. 이것은 중성이 주체의 이름 안에 멈출 수 없는 한에서―그것이 집단적 주체일지라도― 그리고 중성이 그것이 적용되는 모든 것에서 그 순간적인 본질, 그 의미, 그 정의를 떼어 놓는 한에서, 과장되고 결국 받아들일 수 없는 전제일 것이다. "사물이 중성과 관계한다"는 사실로부터, 우리는 중성은 관계를 비-관계로, 사물을 다른 사물로, 그리고 중성을 중성 그 자체일 수 없는 것으로, 또 중성화하는 어떤 것일 수 없는 것으로 변경시킨다고 생각하기에 이른다. 아마도―또한 '확실히'를 의미할 수도 있는 아마도―우리가 중성을 명명할 때, 마치 그것이 "그 자체" 중성에 속하지 않는 것처럼, 그것을 명명하는 것은 잘못일 것이다. 특히 이것이 전적으로 문법적 범주이고, 그래서 우선적으로 언어에 속하는 중성이 언어 "일반"이 중성인 듯이 모든 언어에 동반된다는 사실을 잊으면서 말이다. 그것은 모든 가능한 형태의 긍정과 부정이 중성의 토대 위에서 전개되기 때문이다. 따라서 중성은 자신의 침묵의 측면을 지키면서, 자신이 규정적 구조들의 복잡한 놀이로, 예를 들어 살아 있는 어떤 말의 침전된 현전으로 환원되는 것을 방해하면서, 모든 언어의 기능 안에 함축된다. 중성은, 문법적으로 허용되고, 모든 언어와의 공모共謀 아래에서, 그리고 언어 안에서, 수동도 능동도, 타동도 자동도 아닌 그 언어의 부분과의 공모 아래에서, 명사의 형식에서, 말하기dire의 요구를 유지하는 동사적 방식을 지시하면서, 중성이 문제일 때, 절대로 전적으로 타협하지 않는 신화로 이동하기를 그치지 않는다. 중성. 만일 우리가 그것에 대해 우연의 형식, 더 정확히 무작위의, 무의식의, 흔적과 놀이의 형식만큼 두드러지고 주목할 만한 수동적 행위의 형식을 우연히 내세울 때, 우리는 그것을 파악한다고 믿는다. 물론 절대로 만족함이 없이, 다른 형식들—**신**과의 관계에서 **신성한 것**, **현전**과의 관계에서 **부재**, 말과의 관계에서 **쓰기**(모범적이지 않은 사례로서 파악된), **나**(또한 타인인 이 자아)와의 관계에서 **타자**, 실존과의 관계에서 **존재**, 일자와의 관계에서 **차이** —이 제시될 수 있다. 중성은, 알려짐이 없이(절대지식을 대가로), 개념화되기 쉽지 않고, 어쩌면 개념적이 아닌 이 용어들 각각에서 알려지기보다 그 안에서 작용한다. 왜냐하면 이 용어들과 더불어, 우리가 그것을 부정으로 표시할 수도, 또 그것을 긍정할 수도 없는, 아주 특이한 부정의 가능성이 도입되기 때문이다. 중성은 문학과의 단순한 친밀성 안에서, 어떤 의미론적 근접성도 없이 밤으로 기운다. 중성은 모든 밤이 동반하는 예전의 신화적 타이틀을 가지지 않는다. 중성은 가장 단순한 방식으로 두 항의 부정으로부터 유래한다. **중성**, 하나도 다른 것(타자)도 아니다.* 다른 것이 아닌 것도 아니다. 이보다 더 정확한 정의는 없다. 이미 긍정은, 미리, 모든 부정의 행위 이전에, 중성 안에 자신의 부분을 가진다는 사실이 남았다. 서로—둘 중에 어떤 것이 qu/uter?—는 또한 둘 중의 하나를 의미하고, 어쨌든 항상 절대로 하나만이 아닌 것을 의미한다. "하나와 다른 것l'un et l'autre"은 불평등하고 동시에 제대로 규정되지 않은, 그런데 아주 오래된 용법인

---

* 중성(neutre)은 그 말의 라틴어적 기원에서 ne(아니다)와 uter(둘 중의 누가/어떤 것이)가 결합된 것으로 하나(l'un)도 다른 것(l'autre)도 아닌 것을 의미한다.

이 양분법에 의해, 겉보기에 이가적인 읽기(마치 모든 것이 둘로 시작하는 것처럼), 그런데 그 이가성을 곧 잃어버리고 비규정적인 것이 될 때까지 복수가 되는 이가성의 고전적 필연성을 암시하는 듯이 보인다. 하나l'un, 그렇다. 그것은 손가락으로 지시될 수 있다. 그런데 다른 것l'autre은 다르고, 전적으로 다르고, 항상 다르다. 그것은 우리를 피해서 항상 도망친다. 분명, 이 표현은 한 항에서 두 번째 항으로의 끊임없이 왕래하는 읽기를 명백히 하기 위한 나눔(하나/나머지, 그런데 동시에 다만 다른 것, 나머지와도 다른 것)을 지시하면서, 말놀이에 의해 말해지지 않기 위해, **다른 것**의 사악한 우세함에 의해 표시되고, "변질된다". 중성은 어쩌면 이 다른 것의 사악함만을 모을지도 모른다. 그 사악함을 제거함이 없이, 쉬거나 명백하게 할 수 있는 진정한 부정(전혀 반복되고 전복되지 않은 부정의 부정)에 도달함이 없이, 그것을 덮고 있는 그림자에 의해 그것을 더 사악하게 만들면서 말이다. 중성적인 것은 다른 것으로부터 부정만이 파악할 수 있는 끝없는 긍정(타자의 타자, 타자의 알려지지 않음, 하나와 다른 것으로 파악되는 것에 대한 거부, 다만 절대 타자Autre로, 다만 "다른 것autre que"으로 파악되는 것에 대한 거부)을 끌어내는 것처럼 보이는 가벼운(그런데 통과할 수 없는) 너울 아래서 타자를 그 자신 안에 다시 취한다. 중성은 말없이 이 모든 것에서 휴식을 제거하면서도, 이것들을 진정시킨다. 중성은 그 명사적, 즉 긍정적인 성격에 의해, 긍정과 일련의 규정되지 않은 부정을 나란히 놓는다. ―그것들을 작동하게 한다. 다시 말해, 긍정은 변증적 전복을 위해 부정들을 놓지 않는다. 바로 여기의 긍정이 기여하는 특이성들 중의 하나가 있다. 문제가 되는 것은 하나도 다른 것도 아니라는 진술—분산에 이를 때까지, 분산된 침묵에 이르는 분산에 이를 때까지 끊임없이 자신 안에서 울리는 긍정—은 진정으로 긍정적이지도 효과적이지도 않다. 너울 아래서 타자의 그 가치를 평가하면서 타자를 가리고, 그리고 (타자 안에서 작동하는) 악무한을 정지시키는, 그런데 부정적 리듬에 의해 악무한을 다시 작동시키는, 위의 진술이 하는 일은 다만 유사-일pseudo-travail일 뿐이다. 어떤 것이 중성에 의해 일을 착수하고, 그 일은 또한 즉각적으로 무위의 일œuvre du désœuvrement이다. 따라서 여기에 중성적인 효과가 있다.—이것은 중성의 수동성이라 말해지는 것인데—이것은 중성의 효과도, 원인 혹은 사물cause ou chose로서 작동한다고 주장하는 중성Neutre의 효과도 아니다. 따라서 우리가 부정의 일이라고 말하는 중성의 일은 없을 것이다. 중성, 역설적인 이름. 중성은 거의 말하지 않는다. 침묵의 말, 단순한 그런데 항상 가리고, 항상 의미 바깥으로 이동하고, 자신을 풀어내기를 그치지 않으면서 깊이를 부인하는 자신의 지위의 부동성 안에서 보이지 않게 자신 위에 작동한다. 중성은 지양의 운동을 중성화하고, (자신)을 중성화하고, 그 운동을 상기한다(다만 상기시킨다). 그런데 중성이 그 운동을 정지시키고, 억제한다면, 중성은 다만 정지의 운동만을 억제한다. 다시 말해 중성은 영토를 차지하면서 거리를 사라지게 했다는 사실에 의해 그 자신이 촉발하는 거리를 억제한다. 따라서 중성은 무차별 안에 차이, 투명성 안에 불투명성, 하나가 피하고—빠트린—끌림에 의해서만 산출될 수 있는 타자의 부정적 리듬을 지시한다. 중성의 부정 그 자체도 감춰진다. 비록 중성이 "존재"를 표시한다고 해도, 중성은 존재를 거칠게 비-존재와 관계시키지 않으며, 이것 혹은 저것으로 절대로 주어지지도, 단순한 현전 안에서 제시되지 않는 것으로서, 다만 부정의 길에 의해서만, 부정의 보호 아래에서만 파악되는 존재 그 자체를 항상 이미 분산시킨다. 존재가 중성에서 읽히고 쓰인다면, 그것은 중성이 존재에 앞선다는 것을 말하지 않는다. 다만 그것은 존재도 존재자도 아닌 존재와 존재자 사이의 차이의 너울 아래에서만(차라리 둘 너머에서, 혹은 둘 사이의 이전에서) 주어질 수 있다는 것을 의미한다. 그것은 중성이 존재의 현전을 조심스럽게 견제하면서, 그러한 현전은 부정적일 것이다. 그리고 존재가 자신을 중성의 존재라고 말하는 것을 방해할 때까지 존재를 무력화하면서, 그리고 존재를 부정적 반복인 무한의 침식으로 이끌면서 존재를 쫓아내는 것을 말한다.

중성은 모든 표시의 효과일 뿐인 존재를 표시한다. 중성에 표시된 존재는 자신을 드러내지 않으며, 존재의 빛 아래서, 존재의 빛도 다만 표시의 효과일 뿐인 이 표시를 항상 잊는다.

중성은 앞서지 않으며, 영원한 다음이 앞선다. 그래서 중성은 어디에도 존재하지 않는다. 그리고 표시하는 것이 표시를 지우고, 결국 건너면서 건너는 것이 문제가 될 수 없는 경계선까지 중성화한다면, 중성은 언어 안에서 표시의 놀이로서 모든 자리에서 기능한다. 성취되지 않은 것으로서 성취되는 위반은, 그것이 중성에서, 또한 절대로 현재하지 않는 환상의 중성성 안에서 긍정된다면, 중성을 위반 안에서, 더 정확히 위반해야 하는 것에서 항상 문제가 되는 이것 자체로, 적어도 진술로서 표시할 수 없을 것이다. 마치 쓰기, 그치지 않는 쓰기의 운동이 글쓰기의 놀이에서 우리를 해방하는 것처럼.

❖ 중성, 죽어 감의 부드러운 금지, 거기에서, 문턱에서 문턱으로, 시선 없는 눈, 침묵은 우리를 밟의 근접성 안으로 이끈다. 산 자와 죽은 자 넘어서 아직도 말해야 하는 말, **증거의 부재를 위해 증언하면서.**

❖ "우리는 거기에 잊힌 것처럼 그리고 기억처럼 함께 존재한다. 당신은 기억하고 나는 잊는다. 나는 기억하고 당신은 잊는다." 한순간 그는 정지했다. "마치 그들은 거기 문턱 위에 있었던 것처럼 문턱에서 문턱으로 간다. 어느 날 그들은 들어왔고, 그들은 우리가 안다는 사실을 알 것이다." 시간은 시간이 도래하는 거기에서 도래한다.

"우리는 그들의 이름을 알 뿐이다."—"… 그 이름 안으로 그들은 들어가지 않는다. 그런데 그 이름에 의해 그들은 우리를 매혹한다."

❖ 중성은 중성일 것이고, 중성은 감추면서 숨는 것일 것이고, 감추는 행위까지 감추는 것일 것이다. 이 사라진 것으로부터 아무것도 나타남이 없이, 효과의 부재로 환원된 효과. 이것은 중성, 가시적-비가시적인 것의 절합articulation에서, 동일한 것의 비동일성, 조바심 내는 질문(미리 둘로 나누고, 어떤 조심성도 없이 규정하는 질문. 둘 중에 어떤 것?)에 대한 대답, 그런데 곧 아무런 생각 없이 질문

을 받아들이는 척하면서 선택의 거부만이 아니라, 두 항—하나 혹은 다른 것, 예 혹은 아니오, 이것 혹은 저것, 낮 혹은 밤. 신 혹은 인간—중에 하나를 선택하는 가능성에 종속되는 것을 거부하면서 질문의 구조를 변경하는 대답. "둘 중에 어떤 것?"—"하나도 다른 것도 아닌, 타자, 타자", 마치 그것은 중성이 메아리 안에서만 말하는 것처럼 일어난다. 그런데 항상 타자로 이해되는 차이가 끊임없이 부르는 반복에 의해, 영원한 흔들림에 맡겨진 인간의 머리의 진동과 같은 반복에 의해—이런 반복은 악무한일 것인데—타자를 영구화하면서.

❖ 중성이 자신에 고유한 속성을 가지지 않음은 아마도 반드시 한 이름을 제안하는 의미의 연속 안에서 발견될 것이다. 반면 이 이름은 자기로부터 떠나기 위해 그 자신 안에서 울리기를 그치지 않는다. 중성은 그 자신의 고유한 속성을 가지지 않는다. 그런데 이것은 중성의 속성도 아니다.

중성은 부정적인 것의 자름을 사용하고, 중성의 빛바랜 긍정을 사용한다. 중성은 무관심 안에서 항상 앞서서, 삭제된 자신의 끌어당기는 힘 안에서, 모든 욕망과 분리된 것의 실수로 이해되는 욕망의 표시일 것이다.

❖ 그런데 그들이 도착한 이래로, 중요한 한 사실은 모든 것의 놀라운 성격이었다. 그것은 그가 충분히 그리고 명백하게 자신이 전전으로 뒤흔들릴 수 있는 어떤 충격을 기록할 수 있다고 생각했을 때, 그는, 현전

의 부재에서, 또 이제부터 그들이 익숙해져야 하는 서로 말하는 방식의 어떤 변화를 제외하고, 도대체 전혀 변형되지 않은 모든 사물들 가운데 무엇이 그 자신을 놀라게 하는지를 결정할 수 없다는 것을 깨달았기 때문이다. 사실 그 친구는 사라졌다. 그것이 언제인지는 말할 수 없지만 말이다. 그들은 아주 오래전부터 멀리서, 가까이서, 도시의 웅성거림을 따라서, 혹은 항상 그들이 원한다면 언어의 놀이 안에 참여할 수 있는 오래된 언어의 반복을 통해서 서로 말하는 것에 익숙했다. 그는 그들의 만남은 서로 말할 권리로부터, 그가 시효가 사라지도록 하지 않을 것에만 의존하는 권리로부터 파생된 한 방식일 뿐이었다는 것을 깨달았다. 그들은 서로 말하고, 만난다. 여기에 항상 각자가 모두와 함께하는 그들의 관계의 표현 그 자체이고, 언제나 변함없는, 그런데 아주 고양된 자리에서 진심의 좋은 사용이 있었다. 그럼에도 불구하고 거기에 다만 우정과 믿음의 관계만 있는 것이 아니라, 반대로 힘들고, 매번 방어적이고 거의 사적인 관계의 예외적인 성격을 알아차려야 하지 않는가? 비록 그가 그 관계들을 다른 관계들 가운데서 미리 알려지고 인정된 사적인 대화들로서 이용한다고 할지라도 말이다. 예외적인, 이 말은 동시에 여러 음역에서 들려오는 저음처럼, 항상 가장 낮은 울림 아래에서, 그가 좋아했던 귀가 멍멍해지는 그 소리들의 떨림 아래에서 울렸다. 예외적인, 이 호의를 그는 기억하고 있었다. 그 호의를 가지고, 물론 진지함 안에 항상 함축된 일종의 조롱이 없는 것은 아니지만, 그들은 이 관계들이 그 이름에 걸맞게 되도록 노력했다. 그 노력이 그 관계들을 받아들일 수 있는 것으로 만드는 한에서 말이다. 이것은 적어도 그의 편에서 보면, 전혀 의도적이 아니었다. 그런데 도대체 그의 편part이란 무엇이었는가? 그의 역할을 제외하고서, 그 자신에게 고유하게 속하는, 그런데 절대로 강요되지 않는 (그런데 전혀 자신의 지배 밖에 있어서 그가 자신에 속하지 않는다고 믿게 된 강박적인 기억, 차라리 누구에도 속하지 않는 기억에 의한 것을 제외하고) 교환들 안에서 교환될 수 있는 그의 몫이란 무엇인가? 그는, 아마도, 현재로 말해질 수도, 미래로도 말해질 수 없는, 다만 그를 후려쳤던―밤에, 밤의 수줍은, 그런데 갑작스러운 말들이 잠을 지나가듯이 부드럽게, 거의 다정스럽게, 그러나 갑자기 후려쳤던―그 기억보다 덜 오래된 아주 오래된 한 사물une Chose을 기억하고 있었을 것이다. 게다가, 그가, 그를 일상적으로 방문했을 때, 방이 마치 공간의 공허를 강조하기 위한 것처럼, 거대하고, 책들로 둘러싸인 것을 깨닫지 않을 수 없었을 때, 그가 생각해야 했던 것은 잠이었다. 그 공허한 공간에서 도시 전체가 거대한 강을 끼고, 움직이지 않는, 저 멀리 한 구석에 앉아서, 기억이라기보다는 상기의 방식으로 나이가 든, 아직도 기다려야 할 어떤 기다림이 있는지 모른 채, 너무 오래 기다려서 축소될 때로 축소된 사람의 초라함을 정당화하는 풍경의 방해 같은 사람들과 함께 펼쳐질 수 있기를 원하는 것처럼 보였다. 이것은 그의 오래된 두려움을, 두려움의 기억에 의해 억압된 두려움을 깨웠다. 그리고 그가 도시의 외진 곳들을 가로질렀던 것처럼, 벌거벗은 거대한 방들―거기는 어디인가?―을 통과하려고 했을 때, 그는 친구를 만났고 "약속 시간인지 확실하지 않습니다"라는 말과 부딪쳤다. 이 말에 의해 다시 한 번 규칙들, 혹은 그가 언급한 것처럼, 필요한 합의들이 확인되었다. "네, 늦었습니다." ―"늦어요. 아니요. 당신은 항상 시간을 잘 지킵니다." ―"그래도 여전히, 내 기억에 뒤처졌습니다. 마치 끝없이 이어지는 곧은길을 걷다가, 혼자임을 발견하고, 갑자기, 이것은 내가 항상 두려워하는 것인데, 의도적으로 우리가 그들에 대해서 발설한 말들의 위험—위험한 말, 맹목적인 말—을 뒤늦게 느끼는 것처럼 말입니다."—"맹목적인 말, 바로 이것이 필요합니다. 그런데 우리는 이 말의 위험과 함께 직면하기로 합의하지 않았습니까?"—"그래요. 함께. 그런데 그 위험은 여기서 우리를 위협합니다."—"당신은 그 위험이 우리가 그것을 말하기 위해 우리가 함께하기를 거부하는 것에서 시작할 수 있다고 생각했습니까?"—"그와 같은 말, 시선 없는 그와 같은 목소리가 우리에게 제안하는 위험은 우리가 이 같은 단어를 가지고서는 정식화하기에는 너무 큽니다."—"그런데 이미 일어난 것은, 그것이 이미 말해졌기 때문에, 당신은 그것을 말하는 데 이르러야 합니다."—"그것을 다시 말하는 데, 꼭 그것을 말하는 데에, 더더욱 그것을 당신에게 말하는 데에 이르는 것은 아니고⋯."—"나에게, 물론, 당신에 앞서서." 그리고 마치 들리지 않는 어떤 것이 있는 것처럼 그가 귀를 기울이는 동안, 그는 "그것을 말하세요. 용기를 내세요. 그리고 말들에 그들의 자치권을 주세요. 일어날 것을 나에게 말하세요"라고 덧붙였다.—"그것은 당신이 사라졌다는 것입니다." 놀라서 그는 이 말을 가볍게 받아들이지 않았다. 그는 침묵을 지켰고, 이미 다 준비된 대답을 말하지 않고 뒤로 밀었다. 그리고 조금 후에 약간 주저하면서, "그들이 도착할 겁니다. 그들이 도착할 겁니다"라고 말했을 뿐이다. 이때부터 그는 그를 떠나지 않을 어떤 감정을 갖게 되었다.

❖ 지워진 하늘 아래, 끝없이 이어지는, 곧은길들.

❖ "그런데 매 순간 이미 내가 사라졌다면, 나는 어떤 현전의 그림자를 가질 수 있는가?" 대답의 부재 속에 이상한 공허.

❖ 그들은 기억했다. 그런데 그들이 기억한 것은 언제나 그 기억보다 덜 오래된 것이었다.

❖ "나는 안다." ―"나는 안다." ―"우리는 모른다."

❖ 글쓰기의 공백에 의해 펼쳐진 페이지.

❖ 이어서, 그는 이 긍정을 유지했다. 이것이 비록 한 친구 앞에서 말들 가운데서 동요되지 않는, 신중하지 않은 한 방식이었다고 할지라도 말이다. 이 진술은, 현재, 용기를 가지라는 격려에 의해 불려서, 그와 다만 새로운 관계를 구성하는 것이 아니라, 그가 그 영역을 혼자 확인하는 것이 불가능한 어떤 것으로 열었다. 그것은 그에게 그가 이것을 포기하지 않을 것이라는 사실을 단호하게 확인했다. 그런데 그들의 우호적인 연대는, 물론 정규적이거나 연속적인 계약이 아닐 뿐 아니라, 그들이 매 순간 표방할 수 있는 특권을 그들의 손에 맡긴다는 것이 아니다. 그가 무엇에 대답하든지 간에, 아마도 그들에게 가까이서 서로 말하는 것을 허락한 간계는 그 놀이 안에 덜 상투적이고 그들을 방해하고자 하는 모든 시도들을 실패로 돌아가게 하는 말들을 끼어 넣었다. "나는 당신이 뭘 생각하는지 알아요. 당신은 나를 기억 속에 견고히 간직합니다." ―"당신이 나를 기억하는 한에서 말입니다." 그가 그를 보는 동안,

그가 여행의 끝에 있는 지금, 비록 그가 아무리 그에게 가까이 있었다고 할지라도, 그는 곧은길 저 멀리 보이는 작아진 사람—마치 오래 가지고 논 뒤 강변에 버려진 어떤 것과 같은 모습으로—과 그를 혼동하는 것을 막을 수가 없었다. 그는 다시 한 번 그들이 올 것이라는 사실을 확인했다. 그리고 사물이 우리를 기억한다는 사실을 덧붙이는 것을 잊지 않았다.

❖ 그가 도시를 지나갔을 때, 도시는, 마치 어떤 거리도 가늠할 수 없이 텅 비어 있었다.

❖ 멀어짐은 현전하는 정해진 한 지점과의 관계에서 결정되는 듯이 보인다. 그런데 현전은, 끝없이 타오르는 순간적인 거대한 불과 같은 즉각적인 것의 절대성 안에서 고정되지도, 관계의 놀이 안에서 이해되지도 않는다. 현전, 현전의 빛은 항상 이미 접근이 일어나는 공간을 황폐화하고, 가시적인 것의 밝음으로 들어가지 않으며, 현재에 자신이 속하는 것을 허락하지도 않는다. 현전은 또한 현전을 저버리고, 현전의 현재를 파괴한다.

❖ 그가 그에게 가져온 긍정, 다양한 기호들의 의미를 결정하는 분기점에 있는 것 같은 긍정, 그에게 유예를 부여하지 않는 긍정을 지나치게 가시적으로 만들지 않을 유일한 방법은, 그가 생각하기에, 그 긍정의 효과를 제거함이 없이, 끝없이 언어 안에서 그것을 언어의 단순한 계기로서 취하면서, 그것이 그 자신의 일을 하도록 내버려두는 것처럼 보

였다. 그에게, 그가 여전히 그것에 대해 말하는 것에 두려움을 느낀다면, 거기에서 두려움은 공범이었기에, 그는 어떤 혁혁한 가치를 주장하는 어떤 단어를 듣는 것에 놀라움을, 피곤한 놀라움을 느꼈다. 그 친구가 영원한 기억의 거대한 물결에 의해 사라졌다는 사실은 그 친구가 습관적인 조심성을 가지고, 자신의 사라짐을 설명하는 것을 방해하지 않았다. 마치 아무 일도 없었다는 듯이 또 그가, 자신의 현전 안에서, 그의 불행한 고백의 모든 결과들을 끌어내야 하는 것처럼 말이다. 그 결과는 천천히, 그러나 전혀 기대하지 않은 갑작스러운 해결책을 가지고 전개되었다. 반면 이제부터 그는 그를 만나기 위해 노력해야 하는 것처럼 느꼈다. 그 친구는 거기에 현재하면서도, 멀어짐의 허구 속에 있었다. 비록 그 몫이 요지부동으로 줄어든 것일지라도, 그 몫은 그에게 지울 수 없이 남아 있었다. 그는 탁자 뒤에 편하고 장엄하게 앉아 있는 그를 본다. 아주 예의바르고 친절하게 그를 환대하는 위엄 있는 인물, 그런데 이번에는 다소 부동성에 의해 고정된 채. 그런데 더 놀라운 것은 그의 위엄 때문에 ─그런데 다소 황량하고, 결국 거리를 가진 다른 방식 (그가 즉각적으로 알아차린 방식)으로 ─그는 그 주변으로 깊게 파인 구덩이처럼, 말들 안에 말의 결핍처럼 자신의 고립을 보존해야 하는 것처럼 보이는 이 말의 곤혹을 이해해야 했다. 누구의 책임인가? 이 사건에서 멈춰야 하지 않는가? 그에게 그것에 대해서 말하면서, 그에게 그것을 마치 그들 관계의 필수적인 한 요소로서, 삶의 징후로서, 죽음의 징후로서 토로하면서, 그 중요성을 약화하는 위험을 무릅써야 하는가? 신중함이 우선적으로 모든 말하기에 필수적이라면, 어떻게 그는 그들의 은밀한 침묵의 놀이에서 말해진 것을, 어떤 형식에서, 길들여지지 않은 침묵에 의해, 경솔하게도 말해진 것의 흐름을 변경한다고 주장할 수 있는가? 말의 곤혹은 냉혹하고 말 없는 쉬움 속에서 그 등가를 발견하고, 움직이지 않는 언덕들 사이의 방을 통과하는 강의 쉬지 않는 중얼거림에 자리를 양보한다. 이미 써진 것의, 그런데 항상 써야 하고, 항상 써지는 것은 아닌 어떤 것의 쉬움. "이어서 당신은 말에 대한 지상권을 가진다."─"나이의 특혜로." 그의 믿음에 의하면, 갑자기 가시적이 된, 기념비적인 특성, 죽은 지상권의 특성, 최상으로 살아 있는 한 이름의 특성, 즉 강력한 저울의 받침대 위에 그들을 놓으면서 깊은 과거 안으로 그들을 서로 끌어당기는 변천은 대조적으로 또한 현재에서 말하면서 흐르는 말의 중얼거림을 전혀 의도적으로 표시하고자 하지 않았던 혹은 어쩌면 다만 가벼운 이야기 같은 이 도래 안에서 그 가벼움을 구체화해야 하는 듯이 보였다. 그들은 오고, 그들은 도착한다. 왜냐하면 말은 가장자리에서 가장자리로, 과거에서 과거로 튀기 때문이다. 그들의 우아한 수줍음 안에서, 매일 더 자유롭게, 우리를 이 존엄하고 존중할 만한 현시로 환원하면서 그들에 대한 우리의 담론을 빼앗는 것을 방해하지 않는 것.

❖ 중성을 명명하는 힘은, 매번, 그것을 명명하지 않는 힘이었고, 점점 더, 모든 언어, 모든 언어의 가시적인 것과 비가시적인 것을 중성에 바치는 힘이었다. 그런데 그 힘은 정확히 중성을 그 자신의 고유한 메시지의 수신자로 환원할 뿐인 이 증여에 의해 언어에서 이 중성을 빼는 것이었다. 마치 낮과 밤이 교차하는 것 같은 황혼이, 새벽의 빛이 빛을 밝히는 어두움을 위해, 또 사라지는 빛을 위

해, 무차별적인 등가 안에서, 도달해야 할 불가능한 간격 혹은 항상 앞서서 표시되는 차이가 아닌 것처럼 말이다. 이 차이 혹은 간격으로부터 영원한 낮, 영원한 밤 그리고 그 둘의 영원한 교차가 있게 될 것이다.

❖ 도시, 항상 살아 있는, 생기 있는, 냉정한, 우리가 거기서 죽을 수 있다는 생각과는 전적으로 낯선. 그런데 그가 앉아서 명상하던 그 방 안에서, 나는 마치 공동묘지에서 무덤들을 건성으로 넘어가듯이 그 방을 가로질러 갔다.

❖ 중성은 명명되었기 때문에(비록 그에 대한 증거가 없다고 할지라도), 명명될 수 있다. 이때 이름에 의해서 지시되는 것은 무엇인가? 중성을 지배하고자 하는 욕망, 중성이 즉각적으로 동참하는 욕망, 다만 중성이 모든 지배와 낯선 한에서, 그리고 항상 이미, 중성의 수동적 지속을 가지고, 자신의 대상과 모든 대상을 감염시키는 욕망을 표시하는 한에서.

❖ 우리를 두렵게 하는 것, 그것은 그들이 이 지점에서 우리를, 우리의 무지를, 우리의 실종을, 우리의 불타는 공모를, 그들에게 신호를 보내고 그들을 끌어당기는 죽은 사물의 공모를 필요로 한다는 사실이다.

❖ 모든 말에 접목된, 중성.

❖ 그것은 마치 그가 그에게, 아주 친밀하게 그것을 말하면서, 말했던 것처럼, 우정은 우리에게서 빠져나간다.

❖ 얽히고, 분리된, 증언 없는 증인들은 되돌리라고 요청받은 시간의 우회에서 우리에게로 오고, 또한 서로에게 다가간다.

❖ 죽음에 의해 가격을 받은 것처럼 위엄에 의해 가격 받은, 움직이지 않는, 우리는 서로에게 기운다. 그렇게 우리는 서로 인사하기 위해 (사유에게 인사하면서) 몸을 기울이고, 우리는 우리의 공동의 추락을 기다린다.

❖ 그것이 불가능했다는 사실은 그것이 산출되기 위해서는 아무것도 아닌 것으로 충분하다는 사실을 방해하지 않는다. 정확히 아무것도 아닌 것.
  아주 오래전부터 우리는 이 사건을 기념하기 위해 준비했다. 지금 그것이 도래했고, 더 이상 남은 시간이 없었다. 결국 우리는 준비가 되어 있지 않았고, 어쨌든 그것은 도래하지 않았다.

❖ 한편, 그가 매일 가는 곳에 가서, 세월의 깊이에서 온 지식에 의해, 그는 무겁고 넓은 대리석 테이블에 앉아서, 혹은 기대서 있었고, 동시에 다른 편에, 아무것도 그를 보는 데 방해하는 것이 없이, 한 낯선 남자가 생각에 잠겨 앉아 있었다. 그때 그는 그 사람을 어떻게 부를까를 망설이고 있었다. 그리고 그는 그 남자가 일상의 목소리로, 명확하고, 중성

의 목소리로, 매 단어를 정확하게 강조할 것은 강조하고 띌 것은 띄면서, 아주 명확하게 말해서 어떤 단어도 빠트림이 없이 말하는 것을 들었다. 그는 자신을 안심시키기 위해 "이것은 말의 곤혹이고, 긴 동물적 혈전입니다"라고 말했다. 그런데 그는 이 곤혹을 잘 벗어날 수 없다는 것을 인정해야 했다. 왜냐하면 모두가 말더듬이에 의해 그에게 온 이 눈부신 긍정을 구할 것을 권유했기 때문이다. 타자가 그에게 아주 친절하게 "미안합니다. 더 이상 몰라보겠습니다"라고 말하면서 손을 내미는 이유는 그에게 이 사실을 확인시키기 위해서다. 그렇다. 이것은 이 사실을 믿지 않으려고 애쓰는 것 이외에 다른 선택이 없다는 것을 말하기 위한 가장 효과적인 방법이다.

❖ 그 방은, 말들이 그 방을 가로지르고 다시 돌아오는 시간에 따라서, 줄어들거나 커지거나 했다.―때때로, 그는 말들은 돌아오지 않을 것이라고 자기에게 말하곤 했다.

❖ 우리가 그것을 인정할 수 없다는 것을 느끼는 한에서, 즉 임의적인 방식으로, 임의의 뻔뻔한 아름다움을 가지고서, 중성은 살아 있는 자들의 말에 속하지 않으며, 또 죽은 자들이 말하지 않는 언어에도 속함이 없이, 그 유일한 단어를 구성할 것이라는 사실을 인정하자. 아마도 그것과 다른 것이 없기에. 이 단어는 무한한 경계의 영역으로부터 우리에게 올 것이고, 거기서 산 자들과 죽은 자들의 침묵이 나란히 존재하고, 절대적 차이 못지않게, 각각의 절대적인 동일성 때문에 서로 번역 불가능한 채 머물 것이다. 어느 편에서도

그 단어는 들리지 않고, 다만 중얼거림이거나 모방된 것이라는 사실로부터, 아마도 주저하면서 그것을 반복하는 자는 죽은 자들일 것이라고 말해야 할지도 모른다. 그것이 산 자들의 세계에 대한 향수적 울림이기 때문이 아니라(그 안에는 살아 있는 어떤 것도 없다.) 그것을 들으면서, 산 자들은 죽음보다 더 많은 죽음들이 있다는 것을 배울 위험이 있기 때문일 것이다.

❖ 죽음의 욕망. 죽음과 형용사적 죽음의 욕망 안에서 변함없이 변화하는 욕망.

❖ …항상 그에게 주어진 것을 받아들일 수 있기를 기도하면서(그를 빠져나가는 모든 불평, 한숨, 중얼거림을 잡으면서).
　기도란, 기도를 통해 사유에 이르는 것, 사유가 부러질 때까지 사유를 갈고닦는 것.

❖ 우리가 말하는 것이, 그렇게 말하는 것이 어떻게 일어날 수 있는가? 우리가 가지지 않은 것을, 낮들과 밤을 잃어버린다는 생각, 그리고 그 상실을, 보통 우리가 죽음이라고 명명하는 것을 상실한다는 생각. 상실의 힘을 상실하는 것, 그것은 부정의 놀이에 의해서, 갖게 되는 것이 아니라, 모든 형식에 반해서 기입되는 어떤 형식 아래에서 힘이 아닌 것에 도달하는 것이고, 그것에도 도달하지 못하는 것이다.

❖ 말들이 아니라, 말에서 말로, 끝없이, 말들을 가로지르는 고통을 들으면서.

❖ "뭔가를 하는 것이 금지되었을 때, 우리는 무엇을 하는가?"―"지금 우리가 하고 있는 것, 그런데 금지가 사라질 정도의 고도의 무위inaction에서."

❖ "나는 당신이 말할 필요가 없도록, 어쨌든 사람들이 당신이 말을 빼앗겼다고 의심하지 않도록 말한다. 그런데 이 모두는 의도적이 아니다.

❖ 그것을 의도함이 없이, 그들은 대단한 자신감을 가지고 모든 확실성에서 그들을 끌어내는 것으로 나아갔다.

❖ 말의 곤혹, 침묵의 평정을 거침이 없이 무언에서 우리에게 오는 말.

❖ "…무죄, 너만이 홀로 너에게 죄 없이 말할 권리를 가진다."―"내가 믿듯이 내가 그럴 권리가 있다면, 나는 그럴 권리가 없고, 무죄는 권리 없이 존재한다."

❖ 두려움도 고통도 욕망도 없는 거기에서, 바로 이것 때문에 우리는 영원한 두려움, 욕망, 그리고 고통으로 인도된다.

❖ 그에게 말하면서, 그가 자는 동안, 그가 대답을 요구했을 때는 깊은 잠에서, 잠이 잠을 찾는 깊은 잠에서였다. 그리고 대답은 매번 이 친구의 깨어남이었다.

❖ 그는 살기를 포기하지 않는다. 그는 다만 눈을 감는다.

❖ 누군가 무의 숨결은 절대로 감히 중성의 진리 혹은 중성의 지식에 대해서 말하고자 하지 않는다고 말한다. 이것은 단지 언어는, 무를 말하면서, 항상 승리의 언어의 파열일 것이기 때문이다.

❖ 조잡하게 반복된 긍정에 따르면, 익명은 우리에게 도달하고자 할 것이고, 거기서 우리는, 글쓰기의 단편적인 요구가, 그 의미가 제대로 통합되지 않은 죽음이란 단어의 허구에서처럼, 다른 선택이 없어서 유지하고 있는 것처럼 보이는 접근 불가능한 관계에 의해 놀이 바깥에 놓일 것이다. 그 안에 있는 모든 조잡한 것은 한 작가가 죽음에 의해 새로운 에너지와 명성을 얻을 때, 그것의 모든 풍자적 힘을 획득한다. 이 이차적 불멸은 그 자신의 허약함—그가 자신의 작품을 방어하기 위해, 작품 안에서 자신을 방어하기 위해, 작품의 그늘 아래서 자신을 드러내기 위해, 그리고 가능한 한에서 빛 안에 작품을 놓기 위해 작품 뒤에 머무는 것을 불가능하게 하는 이 힘(항상 살아 있는 동안 그 자신에 의해 고갈된 힘)—을 유발한다. 작가(의) 죽음, 작품은 이 죽음으로 사는 것처럼 보인다. 작가는 잉여였다. 현재, 이 잉여, 지금까지 위장된 잉여(책의 익명성 안에서 자

신을 상실하기로 단단히 결심한 작가는 자신의 책에 대해, 가끔은 간접적으로 말하면서, 말하기를 그치지 않는다.)는 이제 결핍을 그 특질로 갖는다. 그 결핍은 우연히 혹은 필연적으로 작가 없는 이 작품의, 역설적이게도 작품이 가진 고독에 의해 "모두"의 이익에로 넘겨진 이 작품의 작가이고자 하는 다른 작가들의 욕망인 주석을 부른다. 그런데 이 잉여성, 힘들게 혹은 즐겁게 작가에 의해 재현된 이 한 순간은 곧 그 또한 항상 잉여인 작품 "그 자체" 안에서 작동하고 있음이 다시 발견된다. 이때 작품 그 자체의 잉여성은 어쨌든 필연적으로 잉여의 필연성에 의해 정돈되는 이미 써진 작품들의 무한한 연쇄의 관점에서뿐 아니라, 또한 마치 작품에 결여된 모든 것이 다만 존재하지 않는 작품 바깥에서만 기입될 수 있는 것처럼, 작품 그 자체와의 관계에 의해서 발견된다. 바로 여기서 반복적인 단편의 요구가 있게 된다. 전통적 연극에서 개막을 알리는 징소리는 곧 뭔가가 일어날 것이라는 것을 우리에게 알려 준다. 그런데 그 소리는 영원히 빈 무덤에서 울릴 것이다.

❖ 작품은, 사후에, 노아의 방주의 비둘기처럼 의미의 파란 가지를 가지고 와서 자신이 살아남았다는 것을 알리기 위해 보내지고, 작품은, 회귀에 의해, 홍수 이전의 비둘기로 변해서 돌아온다. 작품은 항상, 어쩌면 한 번 아니면 두 번 되돌아온다.

❖ 말하는 자는, 말에 의해서, 존재와도, 결국 존재의 현재와도 관계하지 않는다. 따라서 그는 말하지 않는다.

❖ 너를 괴롭히는 것은 무엇인가? 아마도, 내가 잘못 이해한 것이 아니라면, 누구도 발설하지 않는 애처로운 말이 아닐까?

❖ 그가 죽을 것이라는 것을 검증하기 위한 듯이 죽어 가면서.

❖ 듣지 않은 것, 말해지지 않은 것을 반복하는 것, 이것도 역시 반복하는 것이며 ─갑자기 여기서 반복의 본질을 본다고 주장하면서 정지하는 것이다.

❖ 현재하는 것이 불가능한 쓰기와 죽어 감이 닮에 의해 서로 가까운 것이라면, 우리는 그것들의 관계의 성격을 유지하기 위해 단순하고 아주 즉각적으로 감성적인 관계를 위험에 처하게 하는 단순한 문장들─예를 들면 네가 말할 때, 말하는 것은 이미 죽음과 같다라든가 글을 쓰면서 너는 죽으며, 죽어 가면서 너는 쓴다와 같은 문장들─에 만족할 수 없다는 것을 이해한다. 동등하지 않은 용어들에 주의하지 않고, 침묵 혹은 묵언의 전개를 위한 긴 준비도 없이, 더 나아가 그것들에서 시간적인 성격을 끌어냄이 없이 그것들을 다루는 것은 아주 우스꽝스럽다는 것을 드러내는 모든 공식화. (그리고 어쨌든 우리의 문화는 바로 이 단순한 관계, 다만 역전된 관계를 가지고 살았다. 예를 들어 작품에 의해 보장되는 불멸성의 이념, 혹은 글쓰기는 죽음으로부터 자신을 보호하는 것이라는 이념, 즉 죽음을 따로 떼어서 보존하고자 하는 이념, 혹은 작가의 죽음은 작품 위에 새로운 빛을, 그늘의 빛을 던지면서 작품을 해방하고, 그렇게 작품은 항상 죽음 그 자체

의 삶이라는 것을 의심하게 되는 이념.) 죽음과 글쓰기는 누군가 죽고 누군가 쓰는 거기에서 일어나지 않는다.

따라서 글쓰기에서 말을 지우고 빼듯이 죽어 감 안에서 죽음이라는 단어를 지우고 빼야 한다. 말은 너무 자연스럽게, 너무 즉각적으로 죽음을 불러낸다. 말하기parler는 간직하는 것이라기보다는 상실하는 것이다. 또 기억에 맡기는 것이라기보다는 망각에 맡기는 것이다. 또 숨을 쉬는 것이라기보다는 헐떡이는 것(숨을 잃어버리는 것)이다. 이런 의미에서 이 역설적 의미에서, 말하기는 최후의 말을 가지는 것이고, 더 이상 그것을 가지지 않기 위해 가지는 것이다. 아무도 발설하지 않고, 아무도 최후의 것으로 받아들이지 않는 이 최후의 말을 가지고 말하는 것이다. 이로부터 ─이것은 길고 오래된 확실성의 시작이다─글쓰기는 마치 지속하지 않는 것을 지속적인 것으로 만들기 위해 혹은 항상 말인 말의 상실을 방해하기 위해 발명된 것처럼 보인다. 다시 말해 글쓰기는 본질적으로 보수적이고, 표지들의 동일성을 표시할 것이다. 여기서 문제는 이차적인 글쓰기, 즉 안정된 시간적 연속과 책 속에서 휴식에 의해 말의 보존에 동의하는 글쓰기가 문제라고 말하면서 우리는 대답할 것인가? 우리는 또한 글쓰기는 아무것도 그것을 앞선 것이 없다고 할지라도 글쓰기는 자신을 제일 앞선 것으로 놓기보다 빈자리조차 허용하지 않는 무한한 반송에 의해 모든 우선성을 파괴한다는 조건에서 이차적이라고 말한다는 조건에서 그것을 말할 수 있다. 따라서 간략히 말해진 이러한 것은 글쓰기의 전적으로 퍼진 폭력이다. 이 폭력에 의해 말은 항상 이미 분리되고, 앞서서 지워지고 복원되지 않는다. 사실 이런 폭력은 자연적이 아니고, 우리가 또한 죽어 가면서 자연스럽게 죽는 것을 방해할 것이다.

❖ 과거도 미래도 절대로 주어지지 않았다. 있었던 것도 있을 것과 마찬가지로 예상할 수 없었다. 죽음, 그 의미가 제대로 통합되지 않은 이 단어, 항상 잘못 제기된 질문.

❖ 말들은 다만 그 의미가, 의혹을 도입하면서, 기원 없는 한 장소의 보이지 않는 해로운 수증기를 거르면서, 말들에 삶을 주는 것처럼 나타나면서, 끊임없이 그 단어들을 자르고 변형하기를 그치지 않기 때문에 의미를 가질 것이다.

❖ 우리가 이것은 광기다, 혹은 더 심각하게는 미친 짓이라고 말할 때, 말함은 이미 광기다.

❖ 두려움, 특별한 어떤 것에 의해서도 유발되지 않는 두려움에 대한 두려움, 잠 없는 밤들, 깨어남 없는 낮들을 제외하고, 어떤 것에 의해서도 유발되지 않는 두려움을 유발하는 것에 대한 욕망.

❖ 그는 진리에 대해 말한다. 다시 말해 그는 자신이 미쳐 버릴 거라고 생각한다. 그런데 그는 진리, 자신이 미쳤다는 사실을 알아차리지 못한다. ─혹은 다만 아주 늦게 알아차린다. 이 미친 진리를 말하지 않기 위해 이제부터 그는 입을 다문다. 아무것도 말하지 않으면서 진리 안에

머물기를 희망한다. 그런데 바로 이것이 그를 두렵게 한다.

❖ 움직이지 않는 이 친구 앞에서 그는 움직이지 않은 채 앉아 있다. 그런데 그것은 오래가지 않는다. 여기에 위협감과 두려움이 있다. ─ 어떤 것에 의해서도 유발되지 않는 두려움. 둘 중에 하나가 움직인다. 이것은 전혀 삶이 아니다. 둘 중의 하나가 어쩌면 일어설지도 모른다. 곧 밤이 될 것이고, 다른 하나가 흔들리는 말들을 가지고 경계를 늦추지 않을 것이다.

❖ "당신은 말을 하면서 괴로워한다." ─ "그게 아니면, 나는 말을 하지 않으면서 괴로워한다."

❖ 그들이 문턱에 진을 치고, 아주 멀리, 그런데 어쩌면 벌써 우리로 기울어서, 마치 우리가 유일한 것인 양 우리를 쳐다보는 동안, 그는 마치 밤이 내려앉는 것처럼, 젊은 여자의 얼굴 위로 내려앉으면서, 얼굴을 전부 가린 검은 머리카락을 쳐다본다.

❖ "우리는 말하고, 우리는 말한다. 부동의 두 남자, 우리는 마주한 채 움직이지 않는다. 유일하게 할 것은 말하는 것이고, 마지막으로 해야 할 것도 말하는 것이다." ─ "너는 우리의 말은 이어지지도 않고, 아무런 효과도 없고, 세월의 심연으로부터 오는 더듬거림일 뿐이기 때문에 우리는 말한다고 말하고 싶은가?" ─ "진정해라, 내가 얼마나 평온한지를 봐라." ─ "너는 평온하지 않다. 내가 두려워하는 것처럼 너도 두려워한다.

두려움은 우리를 위엄 있고 엄숙하게 한다." — "엄숙, 장중."

❖ 우리가 환원 혹은 예비적인 분리에 의해 죽음과 죽어 감, 말과 글을 분리할 수 있다면, 비록 그것이 큰 대가와 큰 노력을 필요로 한다고 할지라도, 우리는 일종의 이론적 평온, 이론적 행복을 얻을 것이다. 이 평온, 이 행복은 우리가 그들의 행복한 무덤 속에서, 이론의 주목할 만한 모습들이거나 지반이기도 한 이 위대한 죽음들에—모든 죽음은 항상 순간적으로 위대하다—부여하는 것이다. 말과 글쓰기의 얽힘, 잘못 정돈된 망은 매번 복원된다는 조건에서만, 심지어 글쓰기의 실천(모든 경우에 실천 불가능하고, 지고하고, 맹목적이고, 가련한 실천)에 의해 더더욱 풀 수 없게 얽힌다는 조건에서만 잘려질 수 있다. 우리는 이 실천에 의해 매듭이 잘렸다는 사실을, 비록 그 매듭이 아직 만들어지지 않았다고 할지라도, 그리고 이 결정적으로 폭력적인 실천만이 매듭을 고르디우스의 매듭으로 만든다는 사실을 나중에서야, 간접적인 지식에 의해서만 알 수 있다. 따라서 이 글쓰기의 예비적인 단호한 폭력은 역설적인 효과를 가지고 이 두 항에서 (한 페이지에는 번역을, 다른 페이지에는 원본을 가진, 어느 쪽이 번역이고 원본인지 알 수 없이, 동일성과 차이가 서로 혼동되는 두 버전을 가진 텍스트가 문제가 되는 것도 아닌 열린 책에서처럼) 글쓰기와 말의 단일성을 읽는 것을 허용하면서 그 둘의 단일성, 즉 더욱 간교한 말을 야기하면서 글쓰기가 매번 해체하고 다시 형성하는 이중성을 보증한다.

　말은 그 말의 허약함에 따라서, 스스로를 지우는 그 말의 태도를 따라서, 자신에 꾀에 넘어가 말더듬이에 이를 정도로 간교하다. (누구도 말 전문가들에 의존해서 말을 찾지 않는다. 그에게 말은 아름다움이나 좋음과 관계하지 않는, 다만 글쓰기보다 더 "자연스러운" 것이다. "그는 참 말을 잘한다"라는 진술은 "잘 쓰는 사람"은 "말을 잘하는 사람"의 계승자일 뿐이라는 것을 의미한다. 반면 이런 판단은 말의 대체로서 글쓰기가 말을 완수하고 완성하는 한에서 글쓰기에서 온다.) 이로부터 사람들은 삶이 상실되는 바로 그 순간에만 삶의 본질로서 가장 잘 빛나는 삶에 보다 더 가까이 머물기 위해, 삶은 여전히 살아 있고 동시에 허약하다고 말할 것이다. 그런데 죽음의 말(죽어 가는 말이 아니라, 죽어 감 그 자체인 말)은 아마도 항상 이미 삶이 건너지 못하는 한계를 건넜을지도 모른다. 갈 수 없는 길로 그 길을 표시하면서 글쓰기가 낸 길을 통해 자신도 모르게 건너면서.

❖ 죽어 감은 그것에 의미를 주는 것처럼 보이는 것, 즉 망자를 통해 밝혀지지 않는다고 가정해 보자. 죽음, 망자는 분명히 우리를 흔든다. 그런데 사물 그 자체처럼 가공되지 않고 생기 없는 사건으로서 말이다. 혹은 그것은 의미의 전복으로서 우리에게 다가온다. 그런데 더 이상 존재하지 않는 자, 견디기 힘든 비-의미는 항상 의미에 의해서 항상 다시 파악된다. 바로 여기서 비-의미는 우리를 짓누르고 안심시키면서 존재의 힘을 계속 유지한다. 결국 "망자"는 죽음이라는 단어가, 마치 존재의 기억할 만한 속성들 중에 하나인 것처럼, 항상 비-존재를 지배하는 존재의 전능을 흔드는 징후로서 속성의 지위를 가지게 하는 데 성공한다. 그런데 죽어 감은 완수될

수 있는 것도 완성될 수 있는 것도 아니고(그런 것들은 다만 죽음 안에 머물 것이다.), 삶과의 관계 안에 놓일 수도, 긍정될 수도 없다(그런 것은 기울어지는 관계일 것이고 삶의 사양일 것이다). 죽어 감은 사건 안에 놓이지 않으며, 시간적 지속처럼 지속하지도 않는다. 죽어 감은 지속하지도 끝나지도, 죽음 안에서 연장되지도 않는다. 죽어 감은 죽음이 평화롭게 되기를 바라는 사물의 상태에서 죽음을 떼어 낸다. 망자를 용의자로 만들고 죽음을 검증 불가능하게 하고, 앞서서 죽음에서 **사건**의 혜택을 떼어 내는 것은 바로 죽어 감, 완수 없는 죽어 감의 실수다. 삶은 죽어 감에 대해 아는 것이 아무것도 없으며, 그것에 대해 말할 것이 하나도 없다. 비록 삶이 죽음을 침묵에 맡기지 않았다고 할지라도 말이다. 갑자기, 항상, 이미, 말들 가운데 중얼거림이, 담론의 안과 바깥에서 일어나는 부재의 웅성거림이 은밀히 끼어드는 침묵하지 않는 정지가 있다. 거기서 글쓰기의 시끄러움, 어두운 후견인의 명령이 죽어 감의 간격을 유지한다. 비록 죽어 감이, 어쩌면 간격 그 자체도 거기에서 일어나지 않을 때조차 말이다. 죽어 감은 삶에 의존하지 않으며, 죽음도 우리가 죽는 것을 방해한다.

❖ 중성의 무위déscœuvrement가 어딘가에서 일어난다면, 너는 그것을 죽은 사물에서 발견하지 못할 것이다. 너는 그것을 삶도, 죽음도, 시간도, 지속도 없는 죽어 감이 한 방울씩 떨어지는 거기에서 발견할 것이다. 듣기에는 너무 날카로운 소리, 울리는 종소리 안에 중얼거림, 유창한 말의 정상에서 더듬거림 속에서.

❖ 말들은 서로 소통하지 않으며, 서로 알지 못하며, 가까움과 멂의 경계들과 차이의 알려지지 않은 결정들을 따라서 말들 사이에서 논다.

❖ 죽어 감은 이런 의미에서 미래나 과거의 존재로 되돌아갈 수 없는 비-존재와 어떤 연대도 없다. 그것은 가상, 그런 척하는 어떤 것, 우리를 지우면서 지워지는 척하는 것 이상도 이하도 아니다. "척함", 죽어 감의 풍화작용, 이것은 바로 순간 바깥에서 매 순간 삶의 구불구불한 길과 나란히, 악의를 가지고 곧바로 난 길로 우리를 미끄러지게 하는 것이다.

❖ 죽어 감. 그것은 마치 우리가 오로지 부정법에서만 죽는 것처럼 일어난다.* 죽어 감. 아마도 거울 위에 반사, 부재하는 형상의 반짝거림, 거기에 없는 누군가 혹은 무엇의 이미지라기보다는 본질적인 것은 아무것도 건드리지 않으면서, 파악하거나 알아차리기에는 너무 피상적인 비가시성의 효과일 뿐. 마치 죽어 감은 가시점들의 배치가 무엇인가를 지시함이 없이, 비가시성이 암암리에 배치

---

* 동사를 명사의 형태로 사용하는 부정법(l'infintif: mourir, to die, 우리말에서 보통 부정법은 '죽다'의 경우 '죽기', '죽는 것' 혹은 '죽음'으로 표시된다. 우리는 이 책에서 '죽다'를 '죽어 가다'로 읽었다. 블랑쇼에게 죽음이란 거기에 이르는 것이 불가능한 그치지 않음이기 때문이다. 이 '죽어 가다'로부터 우리는 '죽어 감'이란 부정법의 형태에 이르렀다.)의 본질적인 기능은 그 문법적 의미에서 보면, 인칭과 그 수, 시제를 표시함이 없이 그 동사가 표현하는 것을 단순 명백하게 진술하는 것이다. 이로부터 블랑쇼는 어떤 시간에도 속하지 않는 죽음은 마치 부정법에서처럼 '죽다'라는 동사가 인칭과 수, 또 시제에 따라서 **활용될 수 없음**을 말하고자 하는 듯이 보인다.

되는 것처럼 일어난다. 다시 말해 데생의 내밀성에서가 아니라, 아무런 표지도 가지지 않는 존재의 외재성에서, 넘치는 외재성에서 일어난다.

❖ "누군가 삶에 도달하자마자 그는 이미 죽기에 충분할 정도로 늙어 버렸다"라는 오래된 금언은 분명 인상적이다. 이 공식은 우리 전체 삶에서, 지속과의 예상할 수 없는 관계에서 죽음의 가능성을 경우에 따라 분배한다. 그럼에도 불구하고, 이 공식에 의하면, 여전히 삶과 죽음의 쉬운 관계가 있다. 죽어 감은 가능성 — 삶이 분배되는 힘, 혹은 삶 안에서 확인되고 죽음 안에서 확인되는 힘 — 으로 머문다. 비록 그것이 두 용어 사이에서 결정되었다고 할지라도 말이다(삶의 시작에서 우리는 죽어 감을 시작한다. 이러한 출생의 추방은 유비적으로 일종의 죽음과의 충격적인 만남으로서 다시 파악된다. 그리고 우리가 삶을 끝내는 것을 모든 시체의 동등성으로, 혹은 사후의 휴식으로까지 더 멀리 끌고 간다면, 출생은 결국 우주의 엔트로피와의 동등성으로 끝난다). 그런데 어쩌면 죽어 감은 삶, 실재, "삶"의 현전과 아무런 관계가 없을지도 모른다. 어쩌면 순전한 환상, 어떤 흔적도 현재에서 물질화되지 않는 것에 대한 비웃음, 혹은 존재를 전적으로 뒤흔들고 지각할 수 없는, 모든 관찰을 피하는, 너무 가시적이라 보이지 않는 신경증으로서만 도달하는 광기. 따라서 우리는 다음과 같이 쓸 수 있을 것이다. 글쓰기는 말의 가능성이 아닐 것이고(죽어 감도 삶의 가능성이 아니고), 다만 중얼거림, 언어의 침묵의 표면에서 작동하는 광기일 것이다.

❖ 죽어 감(도래하는 것의 도래하지 않음), 금지를 비웃는 금지, 거기서 죽어 감은 죽어 감의 금지일 것이고, 거기서 죽어 감은 위반의 결정적인 행위에 도달함이 없이, 그것이 가진 비결정성 안에 퍼질 것이다(죽어 감은 본질적으로 비결정적이다). 죽어 감에 의해 무한히 나눠진 순간, 그 순간으로부터, 만일 이 순간이 모인다면, 법 바깥에서, 항상 은밀하게 죽어야 할 것이다.

❖ **죽은 자들 가운데, 죽어 감이 금지되었다는 웅성거림이 소름끼치게 퍼졌다.**

❖ 돌연한, 자기의, 기원하는 죽음은 이미 죽어 감을 떠나는 것이다.

❖ 애도는 죽어 감의 이면이다.

❖ 죽어 감의 운동에서 빠져나간 어떤 장소에서 일어나는 것처럼(죽어 감 없는 죽음), 충만한 삶 한가운데에서 우리를 후려치는 죽음. 분리할 수 없는 것의 분리, 글쓰기-말의 실천적이며 분석적인 죽어 감. 그런데 죽어 감은 이미 거기에서 비가시적이고, 어디에도 존재하지 않으며, 어떤 결과도, 죽음의 고유성인 돌연성과도 어떤 관계를 가지지 않는다. 비록 그것이 천천히 일어난다고 할지라도.

❖ 죽음의 예측 불가능성, 죽어 감의 비가시성.

❖ 반복적인 죽음의 유일한 타격. 죽음이 단 한 번만 일어난다면, 그것은 죽어 감이 본질적인 비-완수에 의해 끝없이 완수되지 않은 것의 완수를 반복하면서, 반복되기 때문일 것이다. 이 반복이 세어질 수 없이 그리고 그 수가 어떤 숫자로 표시됨이 없이. 심장박동이 매번 읽을 수 없고 번호를 매길 수 없는 방식으로 일어나듯이.

❖ "죽는 것이 금지되었다"라는 이 문장을 우리는 지속적으로 우리 안에서 삶의 필연적인 요청으로서가 아니라, 매번 금지를 깨는 죽어 감 그 자체의 목소리로서 이해한다(마치 스스로에게 죽음을 주면서 금지된 죽음을 죽는 자에게 모든 것이 명백한 것처럼 말이다).

어쩌면 파악할 수 없는 죽어 감의 운동에 도달할 수도 또 승인할 수 없는 한에서, 우리는 살인이나 자살을 처벌할지도 모른다. 살인과 자살은 마치 죽어 감이 권리인 것처럼 죽이고 자살한다. 그런데 죽음의 수용소의 공포, 갑자기, 그리고 끝없이 죽을 자로 선언되고 열거되고 확인되는 무수하게 죽어 가는 사람들의 공포는 각각의 죽어 가는 자를 그 이상으로 결백할 수 없었던 자신의 죽음에 대해 죄가 있는 자로서 만들고, 경솔함에 의해 보일 수 없는 것을 보이게 하면서, **죽음**의 비천함 그 자체 때문에 그에게 **죽어 감**을 선고한다.

어디에 죽음의 사건이 있는가? 어디에 죽어 감의 어둠이 있는가? 모든 언어가 붕괴되는 순간에만 울림 안으로 들어갈 수 있는 절대로 발설되지 않으면서, 반복되고 무서운 두 말처럼.

❖ "나는 죽을 수 없음 때문에 죽어 간다"라는 발언은 실현 불가능한 것으로서 죽음의 끌어당기는 힘attrait으로부터 오는 치명적 욕망만을 표현하는 것이 아니다. 그것은 죽어 감의 운동, 다시 말해 갉아먹는 관계에서, 치명적으로 차이의 놀이를 하는 다양한 기호들의 그치지 않으며 동시적인 죽어 감의 중복을 예감하게 한다. 죽을 수 없음 때문에 죽어 감이라는 공식은 그 공식의 역설에 의해, 다시 말해 다만 긍정일 수도 다만 부정일 수 없는 불가능성과 죽어 감이란 말이 지닌 차이에 의해 한순간을 극화하고 빛나게 한다.

❖ **죽어 감―추위와 바깥의 사라짐 속에서, 삶의 바깥에 있는 것처럼 항상 자기 바깥에서 죽어 감.**

❖ 자살, 그 도전의 유혹은 너무 크고 너무 명백해서―거의 제거할 수 없을 정도로―그것에 저항하는 것은 어려워 보인다. 위반의 행위. 그 행위의 금지는 법이나 "자연"에 의해서 선포되는 것이 아니라, 그 행위 자체의 치명적인 비결정성에 의해 금지된다. 이 금지는 갑자기 확인되면서 단절되고, 위반은 제거되면서 동시에 완수된다. 그리고 위험스럽게 "개인적인 표상"을 통해 상징화되고 제시된 위반의 이행le passage de la transgression―그러나 건너지 못하는, "저 너머로의 발걸음." 우리가 보통 고인Le trépassé*이라고 부르

---

* Trépas, Trépasser는 라틴어의 'trans'를 의미하는 'tres'와 'passer'로 구성된 단어로 그 본래의 의미로 '너머로의 이행'(passage au-delà), '넘어감'(passer au-delà)을 의미한다.

는 것. 죽음의 이중성을 결합하고자 하는, 단번에 성급한 결정에 의해 절대로 죽지 않고, 죽어 가는 것의 영원한 반복을 한데 모으려는 (희망 없는) 절망적인 행위. 그리고 명명하고자 하는 시도, 다시 말해 그것에 스스로 속성을 부여하면서 3인칭이나 중성으로만 말해지는 익명적인 것을 인격화하고자 하는 시도. 또는 자신의 척도에서 그것의 위치를 정해 주고 그것에 날짜를 정해 주면서 무한히 작은 것을 확장하고자 하는 힘, 그것은 항상 죽음을 회피한다.—타자를 위한 고양, 피곤, 불행, 두려움, 불확실, 고통 안에 존재하는 이 모든 것, 이 모든 운동은 조용하고 신중한 죽음에의 요구에 복종하기를 거부하는 **경솔함**을 덮는다. 침묵의 행위 안에서 침묵을 존중하기. 자살의 **불가능성**은 그것의 끔찍한 경솔함을 잠재우게 된다. 마치 우리가 가장假裝을 가장하듯이. 물론 대낮에, 그런데 명백히 드러남에도 불구하고 아무도 보지 못하고, 무엇이 일어나는지 아무것도 알 수 없는 그런 빛 안에서.

❖ 죽어 감은 마치 종이와 거의 간격을 가지지 않는 손이 아무것도 쓰지 않고 움직이지 않은 채 있는 것처럼, 혹은 아무런 흔적을 남김이 없이 앞으로 나아가는 것처럼(아마도 손이 쓰는 것은 다만 나중에 은현隱現잉크의 조잡한 절차를 따라서만 드러나기 때문에) 일어난다.

유비적으로 이 말들은 어렵지 않게 '삶에서 죽음으로 건너가다'(trépasser de vie à mort), 혹은 '세기를 지나가다' 등을 통해 우리의 실존을 표현했다. 이런 표현이 정착되면서, trépas와 trépasser 안에 포함되어 있는 이행의 의미는 사라지고 어떤 애매성도 없이 절대적인 의미에서 죽음을 의미하게 되었다.

❖ 죽음의 무례함, 가시성과 자신을 구분하면서 신중함 안에 머물던 죽어 감은 마치 밝혀야 할 반동적인 어떤 것 혹은 열—삶의 열기—의 효과가 있는 듯이, 병이나 늙어 감을 통해 죽어 감의 대문자의 형식이 감추고 있는 실체(죽어 감le Mourir)의 방식으로 극단적으로 가시적이 된다. 병이나 늙어서 죽어 가면서, 우리는 다만 병이나 늙어서 죽는 것이 아니라, 우리는 죽어 감 그 자체 안에 감춰져 있다고, 소위 말해지는 것을 빼앗긴다. 즉 죽을 수 없음으로 환원된다.

❖ 우리가 자신에게 죽음—항상 과분한 증여—을 부여하는 이 도전 안에는 어쩌면 어떤 도전도 없을지도 모른다. 다만 모든 욕망—끌어당기는 힘이 없는 힘—이 전제하는 지각되지 않은 도전만이 있을 것이다. 이 끌어당기는 힘은 갑자기, 우리에도 불구하고(아니, **나는** 죽어 감을 욕망하지 않는다.), 죽어 감의 비밀스러운 인내—고집—를 태우고 황폐화하면서, 감춰진 것을 배반하면서, 죽음의 운동이 동반하는 (죽음을 우리가 동반함이 없이, 아니 차라리 치명적인 만기의 사유가 헛되이 구체화하는 무한한 불안, 거부의 형태하에서) 원하지 않는 욕망을 밝히고 태울 것이다.

❖ 죽음의 저속함 혹은 음란(나쁜 징조), 즉 조심성의 부족은 **노출** exposition에서, 다시 말해 모든 것에도 불구하고, 죽음을 공적인 것으로 만드는 것으로부터 온다. 여기서 죽음은 바깥의 분할, 바깥의 해소에 이르고, 회피하기에도, 인정하기에도 힘든 접근에 의해 죽

음의 무죄와 성적인 무죄를 함께 생각하도록 이끈다. 그런데 그것은 함께 생각하는 것이 부적합한 것 안에서, 그 각각에 "적합한" 타락(절대로 올바르지 않은 것의 타락) 안에서, 이런 타락이 요청하거나 버리는(항상 요청하면서) 정숙함 안에서 일어난다. 보통 더럽다고 말해지는 그 둘은 이 세상에 더러운 어떤 것보다 더 더러운 다수성을 따라서 분해된다. (그런데 다수성은 우리가 성적인 것들의 통합으로서 성—여기서 성적인 모든 것은 어떤 속성도 어떤 개인적인 자기화도 없이 흐르고 찢어지고 부서진다—과 죽음의 효과들의 통합으로서 죽음을 생각하고 말해야 하는 필연성에서 통합의 작업을 좇는 한에서 곧 다시 파악되고 감춰진다. 이와 달리 어떻게 할 수 있는가?) 우리에게 남아 있는 것은 여전히 능동적이고 충동적이며, 우회 혹은 성적 소비 안에서 생생하게 유희적인 모든 것과 대조적으로 죽음의 수동성을 나타나게 하는 것이다. 비록 우리가 죽어 감을 욕망한다고 할지라고, 죽으면서 우리는 죽음을 향유하지 않는다. 반면, 성적 유희에서 욕망, 비록 그것이 치명적일지라도, 또 그것이 모든 향유와 분리되고, 그것을 불가능하게 한다고 할지라도, 삶의 **재**향유—무한히 반복되는 향유—로서, 삶의 **소비**에서 죽어 감의 운동을 우리에게 약속하고 제시한다.

❖ 우리는 서둘러서 죽음을 노출하고, 서둘러서 땅에 묻는다. 그리고 우리는 공시公示의 압력 혹은 최종적으로 백일하에 드러내라는 요구에서 그렇게 하듯이, 곧 우리가 드러낸 것을 감춘다. 죽음은 항상 공적이고, 공시되기를 요구한다. 반면 우리가 공식적으로 그 정

체성을 확인할 수 없는 것을 확인하자마자 죽음은 완수되고 우리는 죽음에서 면제된다. 바로 여기에 대중이 서두르는 하찮은 의례가 있다. 왜냐하면 공적인 지상권 안에서, 그 자신이 거기서 공시되는 것에 속하는 것처럼, 의례는 그에게 속하기 때문이다. 그 안에서 그는 즐거워하면서 울면서 자신이 흥분되고 분주하고 치명적으로 흥분되어 있다는 것을 알아차린다. 그는 이 장례식에 (비록 그가 거기서 참여하지 않는다고 할지라도) 어떤 식으로든 참여하고 이어서 자신의 장례의 권리를 주장한다.

❖ 문턱에, 아마도 바깥에서 온, 두 젊은 이름은 우리가 그들이 창문 안에 있는지 밖에 있는지 확신할 수 없는 두 모습처럼 거기에 있다. 두 모습이 우리를 기다린다는 사실을 제외하고, 누구도 우리가 어디에 있는지 말할 수 없기 때문에.

❖ 그가 다시 한 번 방을 지나가기 위해 그리고 그들 앞으로 가기 위해 일어서서, 다시 걷기 시작했을 때, 그는 다시 불려지고, 곧 다시 돌아올 것이고, 더 쉽게 대답하기 위해 앉을 것이다. 그리고 그는 자신이 전혀 움직이지 않았다는 사실을 알아차릴 것이다. 그리고 거기에 회귀에 대한 두려운 감정이 남을 것이다.

❖ 말해지지 않은 모든 말들에게 감사.

❖ 힘을 소비할 줄은 알아도, 그것을 고갈시킬 줄을 모른다.

❖ 위반은 법을 위반하는 것이 아니라, 자신과 더불어 법을 실어 간다.

❖ 밤, 밤보다 더 어둡고, 밤보다 더 낯선. 밤의 말들. 밤이 없으면 당신은 어디로 가는가?

❖ 더 이상 어떤 가능성도 없다. 그래서 이 말들을 따라서 우리는 더 이상 무엇이 일어날 수 없는지조차 더 이상 알 수 없다.

❖ 우리가 더 이상 살 수 없을 때, 글쓰기는, 이런 상황에서 우리는 부조리를 느낀다고 쓰는 것만큼 그렇게 부조리하지 않다. 우리 모두는 마지막 순간에 유서에 뭔가를 첨가할 권리를 부여받는다.

마지막 순간, 더 이상 삶을 따라서 뛰지 않는 심장의 떨림.

마지막 순간, 우리가, 이 말을 쓰면서, 쓸 것이 있다는 사실에서 모든 기만을 느낀다고 할지라도, 또 우리가 그것은 그 순간들에 속하지 않는다고 덧붙인다고 할지라도, 따라서 그것은 마지막 순간이 아니라고 덧붙인다고 할지라도 ─ 그런데(이때, 우리는 너에게 "그런데"에 대해, 이번만은 그 뒤에, 순수한 무상을 제외하고, 아무것도 따라 나오지 않는 이 보충어에 대해 감사를 해야 하는가?).

❖ "여기보다 더 속임수가 있는 곳은 없다. 우리는 마지막 순간에 대해서 말한다. 정확히 그것이 우리가 말하는 것을 방해하기 때문에, 비록 우리가 이미 오래전부터 더 이상 그것에 대해서 말하지 않는다고 할지

라도.

❖ 만약 죽음이, 변덕스러운 종국을 따라서, 죽은 자를 위대하게 한다면, 그것은 이제 바깥에서 바깥으로 가는, 죽은 자의 침묵이 누구나 말할 권리를 느끼는 강력한 대중의 말을 부르는 이 쉬운 이유 때문이 아닌가. 각자에게 맡겨졌던 그리고 이제 그가 떠난 대리적인 힘에 의해, 죽은 자를 대신해서 말할 권리는, 이 조사弔詞에서 자신을 조사하고, 우선 자신의 살아남음을, 이어서 말의 살아남음을 보증한다. 조사, 그것을 반복하면서, 다만 '아아! 슬프다'라고 말하는 선한 말.

❖ **그는 주의를 요구하는 잠을 자고 있었다. 정확히 더 이상 아무것도 이 잠을 방해할 수 없기 때문에.**

❖ 아마도 속임수, 최후의 속임수, 보충적인 것의 거짓, 어떤 권리도 없이 종말에 덧붙여지는 것의 거짓, "지상권"—그렇다. 모든 것이 말해질 수 있다. 다만 이러한 속임수는 죽음으로부터, 이 거대한 기만으로부터, 너무 속임수가 심해서 그것을 그렇게 정의하면서 속아 넘어가는 죽음으로부터 우리에게로 온다는 조건에서 말이다.

❖ **점점 더 자신 안에 갇히는 한에서, 그는 점점 더 자신이 바깥에 속한다고 말한다.**

❖ 한계의 부재를 가지고 또한 한 영토를 한정하고자 하는 시도.

❖ 그런데 대중적 죽음의 속임수(하찮은 현전을 숭고하게 하고, 거기에 없는 것을 자극해서, 상실 그 자체를 모두에게 주는 속임수)는 "너는 죽는다. 그러나 죽지 않는다. 그러나 죽는다"라는 죽음의 부름 안에서 드러나는 죽음의 흉내, 암시, 그리고 배신 안에 이미 작동하고 있다.

❖ 불안, 다시 여기에 불안, 이 말 이외에 다른 것을 쓰는 것이 허락되지 않는 이 말을 그는 써야 했다. 그리고 그 말조차도 갑자기 금지되고 발설할 수 없게 되었고, 그 말은 모든 척도를 넘어서서 그의 삶 안에는 그것을 간직하기에 충분히 넓고 공허한 아무것도 없었다. 그래서 그는 이 삶을 살지 않고 죽었다는 거짓된 의식으로까지 확장해야 했다. 이것은 함정이었다.

❖ 발설할 수조차 없는 한 단어처럼 어떤 것이 있었다. 비록 우리가 그것을 말하는 데 이를 때조차, 그리고 어쩌면 매 순간, 이것을 위한 충분한 순간이 없는 것처럼 그것을 말하고, 그것을 생각해야 하기 때문에.

❖ 우리는 그것을 한 번 쓸 수 있고, 한 번 살 수 있다. 어쩔 수 없이, 그리고 경솔하게 우리가 단 한 번 광기를 만진다고 할지라고 ― 그런데 광기가 다시 한 번 온다면 어떤가? 어쩌면 우리는 그 간계, 그 끔찍한 접촉, 그 허약함을 잘 아는(아주 이상한 앎) 아주 친숙한 적에 직면해서, 더

잘 방어할 수 있다고 믿을 권리가 있을지도 모른다. 다만, 우리는 한 가지만을 생각한다. 우리가 그것에 대해 간직하는 기억 안에서조차 불가능했던 것—광기—은 다시 가능해지고, 단 한 번 가능했던 것, 자신을 해방했던 은총은, 우리가 지금 그때와 같은 도움을 요청할 수 없는 한에서 불가능하다(우리는 그 어느 날 허약할 수 있었다. 그러나 반복되는 허약함은, 그 안에서 불행이 반복된다고 할지라도, 고려할 가치가 없다). 그럼 무엇이 남는가? 다시 극단적인 가능성, 우리를 광기로부터 보호하기 위해 광기에 의해 제공된 가능성, 그리고 그 가능성 위에 광기가 남긴 흔적—금지된 가능성? 물론 그렇다. 그런데 전혀 금지된 것이 아닌 광기가 거기에 있지 않은가? 그 광기 역시, 어떤 권리도 없이, 합법성으로부터 전적으로 자유롭지 않으면서도, 모든 삶, 모든 죽음에 추가적인 비합법성을 선고하지 않는가?

❖ 만일 글쓰기, 죽어 감이 관계 안에, 이 관계 안에서 항상 단절된 관계 안에, 잘려진 관계 안에 존재한다면, 글쓰기가 죽어 감을 긍정한다고 주장하자마자(그런데 글쓰기는 아무것도 긍정하지 않으며, 글쓰기는 다만 쓸 뿐이고, 사실 쓰지도 않는다.), 그것은 같은 속임수의 효과(이때 속임수는 이쪽저쪽을 속이면서 절대로 항상 같은 것은 아니다.) 아래서, 이 말들이 울림 안으로 들어가기 때문이다. 그리고 이때 우리는 일련의 긍정적 진술들—책이 글쓰기에 속한다고 말하는 것은 죽음이 죽어 감의 운동에 속한다고 말하는 것과 같다. 글쓰기와 죽어 감은 가장 눈에 띄지 않는 것이지만 그것들은 항상 최후의 공적인 행위를 통해, 책이라는 묘비를 통해서, 즉 부재의 현전

인 지고한 출간에 의해서 누설된다. 죽어 감과 글쓰기는 법에 의해 이미 반포된 금지로 떨어짐이 없이, 공허한 위반과 같은 반포되지 않은 금지와 접촉한다 등등─을 열거할 수 있다. 거짓된 관계의 어두운 중심. 우리는 거짓으로 죽지 않으며, 유죄로 글을 쓰지 않는다. 그러나 여기에 유한성의 용어가 제대로 밝히지 못하는 단절이 있으며, 유한성의 종교적 신화는 우리를 너무 의식적으로 만든다. 죽어 감은 "자연의 법칙"이다. 그런데 우리는 자연적으로 죽지 않는다. 우리는 다르게 죽을 수 없다. 이 필연성, 믿지 않고도 우리가 확신하는 이 필연성(항상 최후의 순간에, 믿을 수 없이 우리를 덮치는 것)은 우리들 각자의 얼굴 위에 두 눈을 감은 배반의 가면을 씌운다. 우리는 자기 자신을 포기하고, 우리를 필요로 하지 않는 것들을 포기하고, 삶을 포기한다. 이것은 일종의 방심에 의해서, 그런데 가장 주의 깊은 것에 의해, 마치 우리가 피할 수 없는 것을 피할 수 있는 것처럼 일어난다. 그런데 그것은 분명히 배반 이상의 것이다. 거짓의 배반. 죽어 감이 문제일 때, 모든 것은 거짓이다. 거짓조차도 환상이고, 결국 아무것도 부족하지 않은, 그리고 항상 결핍을 이용하는 삶이 부족하지 않은 결여이다. 어쩌면 글쓰기도 마찬가지로 또 다른 미끼에 의해, 죽어 감의 운동에 의해 우리에게 마치 보상으로, 환상의 우회, 결국 덫으로 제시되는 형식일지도 모른다. 마치 글을 쓰면서, 우리가 보충적으로, 정당화되지 않은 채, 그 자체무고한, 그런데 우리를 죽어 감의 운동─아무것도 위반하지 않는위반transgression─을 책임지도록 하는 이 무고한 보충적인 상실과더불어 죽어야 하는 것처럼 말이다.

❖ 이 금지 없는 금지의 특성. 그것은 이 특성이 광기로 고발되는 이 특이성에서까지 점점 더 가시적이 된다.

❖ **항상 어디서나 유죄로 선언되고, 이로 인해 무죄로 선언되는.**

❖ 사악한 직선을 따라서 분배되는 특이점들—죽어 감, 광기, 글쓰기. 죽어 감은 정상적인 비정상, 즉 규칙, 불규칙성 그 자체로 우리에게 이해된다. 그런데 규칙의 예외로서가 아니라, 규칙적인 것으로서 법에 속하지 않는 것으로서. 어떤 사회에서, 죽음—사물—을 비실재로서 죽어 감 안에서 드러내 보이는 자들은 사라지거나 영토 바깥으로 추방된다. 사회적 배제는 모호한 위반을 고발하면서 금지한다. 즉 이제부터 비정상이 자신을 감추기를 멈추고 나타난다는 사실, 혹은 드러나는 것은 배제에 의해서만 결정되는 비결정 그 자체라는 사실을 금지한다. 죽은 자들은 좋은 동반자가 아니라, 곧바로 제의의 대상이 된다. 대규모 장례식, 세세하고 복잡한 절차들, 그리고 항상 집단적이고 공적인 애도는 죽은 자들을 사회적 장소 안에 안치한다. 그것은 여럿으로, 예를 들어 묘역, 신화, 가족사 혹은 전설적인 이야기, 죽은 자들을 위한 종교 등으로 나눠진다. 죽음의 비결정성은 자리도, 누그러진 지위도 없다. 난처하지 않은 것은 아니지만, 우리가 죽어 감을 죽어 가는 자라고 부르는 지점에서 죽어 감이 존재를 채우고 있는 것처럼 보일 때조차, 우리는 이 이상한 비결정성에 직면해서, 우연이 작동하는 장소 근처에서, 비-현전에 참여하면서, 가장 내밀한 믿음에 도달한, 거기에 무

위로 존재하는 우리로부터 도래하는 것이 무엇인지 모른다. 그리고 매일의 습관을 따라서, 우리는 아무것도 하는 것이 없이 바쁘고, 우리는 산 자를 돕고, 산 자가 죽는 것을 돕는다. 그런데 우리는 죽어 감을 돕지 못한다. 어떤 것이 거기에서, 전적인 부재 안에서, 선택의 여지없이 완수된다. 그리고 그것은 완수되지 않는다. 그것은 "저 너머로의 발걸음"일 것이고, 그것은 지속에 속하지 않고, 끝없이 반복되고, 우리를 모든 일치로부터 분리시키고(증언을 회피하는 것의 증인들), 자아와의, 법의 주체인 자아와의 모든 관계에서처럼. 그리고 우리는 이 침묵의 말, 이 무한한 중얼거림이 또한 우리 안에서 발설된다는 것을 이해하고 말할 수 있는 것처럼, 우리는 또한 죽어 가는 자와 같이 죽어 간다는 것을—마치 우리가 머문다고 믿는 곳에서, 그가 우리 대신에 죽는 것처럼—이해하고 말할 수 있다. 우리는, 우리가 공통된 삶의 부분을 잃어버리기 때문에 죽는 것이 아니라, 눈물 없는 수난이 때때로 감수한다고 주장하는 순수한 수동적 운동 안에서 우리가 삶과 나누는 것이 자동사적인 상실인 "죽어 감"이기 때문에 죽는다. 이것을, 아마도 이것만을 말할 수 있다. 그런데 아무것도 말해지지 않았다. 만일 우리가 임종의 순간의 명백성마저 드러내지 않는 것, 즉 금지의 보이지 않는 단절, 우리가 은밀히 같이 느끼는 위반을 생각하려고 노력하지 않는다면, 그것은 위반도 또한 우리의 고유한 낯설음—우리를 흔드는, 그런데 근본적으로 충격적인 어떤 것—이기 때문일 것이다. 이것이 완수되지 않으면서 완수되는 좁은 공간에는 법도, 사회도, 연대도, 결합도 없으며—그런데 자유롭지도, 아무것도 무사하지 않는다. 다만 유린하는 폭력과 꺼지는 고통의 겉모습 아래에서, 비밀은 말해지지 않고, 알려지지 않은 말은 침묵과 함께 사라진다.

❖ **"나는 알지 못한다. 그러나 내가 알고 있었다는 사실을 나중에야 알게 될 것이라는 것을 나는 안다"**[*]라는 말은 죽어 가는 자의 고통스러운 침묵에 의해 죽어 감을 말한다.

❖ 내미는 손, 거부하는 손, 어쨌든 우리가 잡을 수 없는 손.

❖ 공허한 위반, 어떤 금지도 앞서지 않는 모든 위반의 운동의 이미지, 그런데 이것은 넘을 수 없는 것의 넘기를 통해 어떤 한계도 제시하지 않는다. 이전도, 동안도, 후에도 없다. 그것은 마치 다른 영역, 전적으로 다른 영역에 있는 것 같다. 낮의 영역은 법, 법이 발설하는 금지, 가능, 정당화하는 말을 지배한다. 밤의 영역에는 법에 반한 잘못, 금지를 깨는 폭력, 불-가능, 정당화를 거부하는 침묵이 있다. 위반은 낮에도 밤에도 속하지 않는다. 위반은 아무리 법이 편

---

[*] "je sais que je **vais avoir su**." 불가능한 '죽어 감'을 표현하는 이 수수께끼 같은 문장은 근접미래(vais avoir)와 과거완료(avoir su)의 형태가 결합되어 문법적으로 해석이 불가능한 문장이다. 정상적인 문장이라면, '알게 될 것이다'(je vais savoir)나 '알았다'(j'ai su)는 두 문장이 돼야 할 것이다. 정상적인 시간의 질서에 속하지 않는 나의 죽음(완성)은 "나의 죽음의 순간은 이제 항상 진행 중"이라고 블랑쇼가 『죽음의 선고』(L'Arrêt de mort, Paris: Gallimard, 1948) 마지막 페이지에서 말하듯이, 항상 근접미래로 남아 있게 될 것이다. 우리는 또한 여기서 죽어 감과 글쓰기가 그 구조에서 혼동되는 한에서, 앞에 한 문장을 끌어낼 수 있을 것이다. "과거에 써진 것은 미래에 읽힐 것이다. 쓰기와 읽기 사이에 어떤 현전의 관계도 세워짐이 없이 말이다."(pp. 45~46)

재한다고 해도 법을 만나지 못한다. 위반, 그것은 완수하는 것이 **불가능한** 것의 회피할 수 없는 완수이다. 그리고 그것은 죽어 감일 것이다.

"그것은 금지다."—"그것은 불가피하다."—"그런데 지속적인 운동에 의해, 그리고 마치 마감을 위한 적절한 현재의 순간이 없는 것처럼 항상 회피하는 것이다."—"이로부터 어떤 정당화도 없이, 항상 한순간을 더, 추가적인 시간을 획득하기 위한 욕구가 존재한다. 그런데 삶을 얻기 위해서가 아니라, 시간 안에서 산출되지 않는 죽어 감을 위해."—"죽어 감은 지연을 요구함이 없이, 지연됨이 없이, 불법적으로 표시됨이 없이, 지연된다. 현재의 연속으로서 시간을 유지하는 미래의 현재에도 낯선."—"너는 죽어 간다. 그런데 너는 죽지 않는다. 그런데 지연되는 죽어 감은, 현재 없는 시간 안에서, 너에게 이렇게 말한다."—"어쩌면, 다시, 회귀의 요구를 따라서 이것은 항상 일어날 것이다. 왜냐하면 이것은 이미 항상 일어났기 때문에."—"마치 죽어 감은 어떤 현재와도 조우하지 않는 과거와 미래의 영원한 우회 안에서 일종의 **살기**를 우리에게 허락하는 듯이 일어난다." "죽어 감은 활용하지 않는다."—"이 관성적 부정법, 무한의 중성성에 의해 흔들리는 이 부정법은 자신과 일치하지 않는다. 현재 없는 부정법不定法, infinitif."—"이로부터 우리는 **현재에서는** 죽는 것이 금지된다고 말할 수 있다."—"이것은 현재는 죽지 않고, 죽어 감을 위한 현재가 없다는 것을 의미한다. 어쨌든 이 금지를 발설하는 것은 현재이다."—"죽어 감의 위반은, 현재의 시간과 이미 항상 단절된 채, 그것에 고유한 비완수 안에서, 현재의 우위, 이미 항상 일어난 것이기에 항상 일어날 차이의 시간―죽어 감, 회귀―을 통일하는 삼위일체적 지속을 대신한다."―"금지는 살아남는다sauve. 그런데 현재에서 그것이 발설되는 한에서, 그리고 금지가 미래-과거의 시간 안에서 완수되지 않고 현전의 모든 긍정을 회피하는 한에서, 위반은 또한 항상 이미 이 금지에서 그것을 발설하는 현재의 시간을 박탈했다. 위반은 현재를 분리시키면서 현재를 방해했거나 금지했다."―"따라서 회귀의 요구를 따라서 현재 없는 시간이 확인된다."―"그래서 위반 그 자체는 완수되지 않는다."

❖ 현재에서 일어나지 않는 것의 다수의 분열 안에서 죽어 감. 우리는 홀로 죽지 않는다. 그리고 죽어 가는 자에게 인간적으로 가까운 누군가가 진정으로 필요하다면, 그것은, 그 방식이 아무리 사소한 것이라 할지라도, 그 역할들을 나누기 위해서이고, 부동의 위반이 죽어 감에 도달하도록 내버려두면서 죽어 감을 기다리는 이 금지된 죽음을 가볍게 하기 위해서다. 이렇게 가장 부드러운 금지에 의해 우리는 죽어 가는 자를 붙잡는다. 지금 죽으면 안 돼. 죽어 감을 위한 지금은 없어. 안 돼ne pas, 최후의 말, 탄식이 되어 버린 방어, 더듬거리는 부정. 너는 죽―지 않―을 거야ne pas―tu mourras.

❖ 만일 "살인하지 마라"라는 금지가 이미 부서진 석판 위에만 써진다면, 그것은 금지가 금지와 위반의 불가능한 만남을 (전후에 따른) 연속적인 시간의 긍정―그 안에는 우선 금지가 있고, 이어서

금지에 대한 인식이 있고, 그리고 유죄의 단절에 의한 거부가 있다—으로 대신하면서 갑자기 법을 지배하기 때문이다. 부서진 석판은 무엇을 의미하는가? 어쩌면 죽어 감의 잘려짐, 죽어 감이 항상 앞서서 시간 안에 도입하는 현재의 단절. "살인하지 마라"는 분명 "어차피 죽을 자를 살인하지 마라"를 의미할 것이다. 그리고 "이것 때문에, 죽음에 이르지도, 비결정적인 것을 결정하지도 말라는 것"을 의미하며, "아직"의 권리를 찬탈하면서, 결국 이뤄졌다고 말하지 말라는 것을 의미한다. 다시 말해 최후의 말이 말해졌고, 시간이 완수되었고, 메시아가 결국 도래했다고 주장하지 말라는 것을 의미한다.

❖ 사유, 죽어 감. 하나가 다른 하나보다 더 빠르거나, 전자가 후자보다 무한히 작거나, 더 줄어들어서 무한히 작다. 둘 다 현재 바깥에 존재하며, 미래의 공허 안에 떨어지고, 과거의 공허 안에 떨어진다.

❖ 우리는 중성에 대해서 질문할 수 있다. 비록 질문이 질문 이상으로 넘어가지 않는다는 것을 알면서도. 질문은 이미 중성화될 것이고, "이것이 뭔가?"라는 질문은 중성화된 질문의 형식일 수 없다. 비록 그 질문이 공허한 자리만을 질문하면서 질문된 것의 자리를 공허하게 남겨 둔다고 할지라도. 그것은 아마도 중성은 항상 질문 밖에 질문 안에 도래하기 때문일지도 모른다. 우리는 중성에 대해 질문할 수 있다. 중성이 질문 안으로 들어감이 없이. 대답이 문제가

되는 경우, 중성의 반복된 울림은 순수한 동어반복도 아니다. 왜냐하면 그것은 같음의 말을 분산시키기 때문이다. **중성, 중성.** 이것은 반복이거나, 무한히, 미끄러지는 것의 미끄러짐에 의해, 무한 연쇄가 사라지는 물수제비뜨기와 같은 어떤 것인가? 자갈, 추진, 자갈이 지탱하는 수면, 자갈을 회피하는 수면, 시간, 돌이 물에 빠질 때까지 휘었다가 돌아오는 직선. 이 침몰은 이 모든 순간들에 속함이 없이 이 모든 순간들로부터 결과하고, 따라서 서로 고립될 수 없으며, 각각 떨어져서 일어난다. 그래서 침몰이 일어나는 특수한 지점은, 자신의 특이성 안에서, 전체적인 현실 밖에─비실재와 실현되지 않은 것 안에─머문다.

❖ 우리들 각자는 그것을 허락하는 말을 기다린다. "그래, 너는 그것을 할 수 있다." ─ "나는 그것을 할 수 없다." ─ "그럼 너는 뭘 기다리느냐?" ─ "나는 내가 욕망하지 않는 것을 기다린다." ─ "허락하는 말은 없다. 허락하는 모든 것은 삶과 관계한다. 따라서 너는 살도록 허락된다."

❖ 권위 없는 죽어 감은, 마치 그것이 작가의 이름을 도용하는 자에게나 적합한 듯이, 끝없이, 연속성 없이, 죽어 감을 그치지 않으면서, 죽어 감을 연기하기 위해 죽어 감을 자신에게 허용한다. 죽어 감은 연기된다. 죽어 감을 연기함이 없이.

죽어 감은 죽어 감을 허용하지 않는다.

❖ **"지금 너는 그것을 할 수 있다."** ─ "따라서 나는 더 이상 그것을 할

수 없다."—"지금은 지나가지 않고, 지속된다."—"지금은 매번 네가 그것을 발설할 때마다 너의 말 혹은 너의 생각보다 항상 더 작고 더 허약해진다."—"따라서 문턱에서 문턱으로 가라. 가여운 죽어 감."

❖ 죽어 감의 어려움은 부분적으로 우리가 그것을 다만 미래에서 생각하는 것에서 올 것이다. 그리고 그것을 과거에서 생각하면서, 일종의 죽음 아래 그것을 고정하기 때문일 것이다. 과거에서 죽어 감은 죽었음être-mort일 것이다. 아니면 죽어 감의 과거는 미래의 죽어 감을 항상 더 무겁게 하고 더더욱 미래를 제거하는 그런 짓누름일 것이다. 마치 죽어 감이 지속되고, 결국 죽어 감을 환상으로 비난하는 것이 공허하며, 살기라는 단어의 다른 이름을 사는 것처럼 말이다. 다만 곧 우리는 이 두 연쇄가 상관적이지 않다는 것을 느낀다. 아마도 죽어 감은 그것이 지닌 반복적인 특이성 안에서 진정한 연쇄를 형성하지 않기 때문일지도 모른다. 그렇지 않으면 반대로 살기가 연쇄적 분산을 회피하는 한에서, 항상 모든 살아 있는 것 전체, 모든 삶의 살아 있는 현전을 상기하는 어떤 연쇄를 형성할 뿐이기 때문일 것이다.

회귀의 요구, 생각하는 것이 불가능한 공허한 미래, 공허한 과거는 이미 항상 진전된 죽어 감을 환대하는 것(사유의 불가능성 안에서)을 도와줄 것이다. 이것은 흔적도 없이 일어나고, 그것은 항상 미래의 공허한 무한을 기다려야 할 것이다. 현재가 배제된 기다림, 그리고 그것은 심연으로의 이중의 추락일 뿐이다. 혹은 추락의 이중적 심연일 것이다. 더 모호하게 말하면 차이의 이중성, 죽어 감과 돌아옴일 것이다.

❖ 너무나 가벼운, 환상적인 것의 무거움 안에 모든 환상보다 더 가벼운 죽어 감.

❖ 죽어 감의 가벼움을 따른 죽어 감은, 죽음의 예상된 무거움—죽은 사물의 죽음의 무게—에 의해서가 아니라, 일종의 불멸성과의 관계에서 죽어 감일 것이다.

❖ **위반, 이 불멸의 죽어 감의 가벼움.**

❖ 강박관념, 죽어 감을 그 자신으로 되돌려보내는 것. 마치, 도시를 지나가다가, 행인을 그가 지나온 곳으로 다시 돌려보내는 것처럼. 죽어 감은 이 죽어 감으로의 회귀일 것이다. 죽어 감의 수호자는 없다.

❖ 유령들이 드나드는 집. 여기저기, 바닥이 없는 문턱.
 그들, 이 젊은 이름들은 문턱을 넘나들면서, 우리를 찾으면서, 우리가 그들을 발견하는 것이 어렵지 않도록 자신을 방관하면서 올 것이다.

❖ "그들이 오도록 하기 위해 우리는 아무것도 해서는 안 된다는 것을 잊지 마라."—"그들이 오지 않도록 하기 위해 우리는 아무것도 할 것이 없다."—"그들을 찾지 마라."—"그들로부터 도망치지 마

라."—"이것은 너무 대칭적이다. 그들을 찾음이 없이, 그들을 피함이 없이, 당신은 만남의 행운이 당신의 의지적 행위에 의한 것이 아니도록 이끌 수 있다. 그리고 피할 수 없는 것이 모호하게 그대로 남아 있도록 하기 위해 그들을 피할 수 있다."—"나의 의지보다 더 일반적인 것은 없다. 그것을 대체할 것이 아무것도 없는 그런 의지. 그것은 마치 끌어당기거나 밀치는 필연성과 같다. 그런데 항상 끌어당기는, 어떤 특별한 행동을 함이 없이도, 기다림도 없이, 그 필연성에 의해 그 끌어당기는 힘을 알아차릴 수 있다."—"그 끌어당기는 힘에 의해, 우리는 환상의 신비 안에 머물면서, 우리는 그들을 알아차리고, 명명하고, 이름의 빛 안에서 거리를 가지고 보호한다고 생각한다. 그리고 그 이름을 아름답게 하고 접근하기 쉽게 하고 그것에 다가간다."—"항상 다가오는, 그것들이 우리 곁에 머물도록 보다 가까이 다가간다."—"그런데 우리는 그들의 도래의 그 유일한 운동에 의해 분리된다."—"그들은 온다."—"그들은 오지 않는다."

❖ 무거운 대리석 테이블 아래서 교환된 말들은 부동에서 부동으로 꼼짝하지 않는다. 그는 몇 발 떨어져서 며칠을, 몇 년을 저 아래 젊은 중얼거림을 듣는다. 그 주변에 같은 바닥에 누워서 자고 있는 사람들이 있다. 그리고 우리가 경사진 땅에 던지듯이 그들 위에 던져진 이불들이 있다. 이 셀 수 없는 작은 더미들, 산산조각 난 도시의 사유들은 방의 벌거벗은 바닥과 같아진다.

❖ "나는 알지 못한다.* 그러나 내가 알고 있었다는 사실을 나중에야 알게 될 것이라는 것을 나는 안다"라는 문장을 나는 기억하며, 이 문장은 다만 기억에 속한다는 것을 안다.

겉보기에 이 문장은 동사의 변형이 모든 변형의 형식하에서 현재의 어미를 변화시키는 방식으로 자신의 힘을 유지한다. "나는 알지 못한다"라는 문장은 그 자체 끌어당기는 부드러운 힘을 가진다. 이 문장은 가장 단순한 말이다. 부정은 여기서 지식을 잠재우면서 침묵하기 위해 조용히 뒤로 물러선다. 그리고 그것은 정해진 질문에 대한 정해진 대답("당신은 그것이 무엇인지 아는가?—알지 못한다.")처럼, 비-지식의 모호하고 철학적이고 신비한 침묵에 이미 도달했다고 주장하지 않는다. 나는 알지 못한다je ne sais pas는 침착하고 조용하다. 그 대답은 더 이상 전적으로 대화에 속하지는 않는다. 대화의 단절에서 갑작스러운 정지의 성격이 끌어내진다. 마치 지식과 부정이 다만 그들이 같이 사라지는 이 한계에 이르기 위해 서로를 진정시키는 것처럼 말이다. "~지 못한다ne-pas—나는 안다je sais"는 분리된 두 용어가 간직하는 이중의 공격력을 보여 준다. 즉 지식의 결단, 부정의 칼날, 서둘러서 두 편에서 모든 것의 종말을 고하는 우리가 멈춘 벼랑arrête.** "나는 안다"는 지식의 최상의 표지

---

* 우리말다운 번역은 '모른다'일 것이다. 그러나 이 말은 이어지는 글에서 이 '모른다'(je ne sais pas)의 부정과 긍정의 구조를 분석할 때 적합하지 않아, 어색하지만 필요한 경우 '나는 알지 못한다'로 옮긴다.
** 'arrête' 이 단어는 '정지하다'(arrêter)의 1인칭 현재형처럼 보이지만, 이 문장 안에서 동사가 아니라 명사로 쓰였다. 사전에 없는 번역 불가능한 이 단어는 '정지' 혹은 '선고'를

이다. 지식은 그 비인격성과 그 비시간성 안에서 우연적인 "나"와 이미 분산된 현재에 의존한다. 이것은 지식 그 자체의 권위, 긍정이 아니라, 지식이고자 하는 지식의 권위, 긍정이다. 부정의 경우, 그것이 가진 힘은 항상 이미 금지의 형식에서 그 표시를 가지는 법의 호출 안에서 금지의 힘이다. "나는 안다―그것은 금지된다." **나는 알지 못한다.** 대답 너머에서 대답하는 이 대답에는 거부가 없다. 경험적 사실("나는 알지 못한다. 나는 알지도 모른다. 다른 이들은 알지도 모른다.")의 상대적인 상태에 대한 사실적 확인, 검증이 말의 겸손을 위해 충분함이 없이. **나는 알지 못한다**는 아무것도 확인하지 않으며, 지워지고, 반복하지 않는 울림에 의해 실려 간다. 왜냐하면 그것이 반복하는 것은 울림이 울리는 것을 억제하기 때문에. 우리에게 다음의 두 가지 지시만이 남는다. **내가 알지 못할** 때 지식은 부드러워지고, 나는 알지 못한다가 간격의 중얼거리는 거리 안에서 부정이 상실되도록 내버려둘 때 부정은 금지와 분리된다.

  "**나는 알지 못한다.** 그러나 **나는 예감한다**"라는 문장에서 '그러나'는 그 이상이 덧붙여지는 형식을 가지는데, 그것은 침묵을 자르는 것이 아니라 연장한다. "**나는 알지 못한다**"는 경직되지 않고는 반

의미하는 'arrêt de mort'(블랑쇼의 책의 제목이기도 한 이 말은 사실, '죽음의 선고'가 아닌 '죽음의 정지'로도 읽을 수 있다.)에서 본 'arrêt'와 위에 "부정의 칼날"을 상기하는 뾰족한 모서리, 생선의 가시를 의미하는 'arête'가 같이 써진 것이다. 이 모서리는 이 책의 매 단편마다에 붙어 있는 마름모(◆)를 닮았다. 삶과 죽음의 이 경계, "불안정한 경계"는 뒤에서 생존, 죽어 감을 정지시킬 수 없는 정지, 삶 없는 삶의 지속, 순수한 보충으로 다시 말해진다. 이 부분은 넬슨의 영역, "the edge at wiche on stop"(*The Step Not Beyond*, p. 112)을 따랐다. 그리고 이 단어에 대해서는 데리다의 『해역』 p.154을 참조할 수 있다.

복될 수도, 닫힐 수 없는 것으로, 끝나지 않는 끝이다. "나는 알지 못한다"가 괄호 안에 부드럽게 놓은 현재는 지연에 의해 대체된다. 다시 말해 아무것도 약속하지 않는 미래의 수줍은 양태에 의해, 불완전하거나 감성의 지식이 아닌, 그런데 현재의 부재가 여전히, 이미 부재하는 또 다른 현재가 추가적으로 오도록 내버려두면서 지식 그 자체 안에 감춰지는 방식인 "예감"에 의해 대체된다. **"내가 알고 있었다는 사실을 알게 될 거라는 것을 예감한다."** 현재는, 현재와의 일치를 포기함이 없이, 마치 현재가 여전히 현재에 매달려 있는 것처럼, 현재 안에서 이미 지나간 것으로 더더욱 기울고, 미래 안에서 지시되고, 새로운 현재의, 그런데 거기에 존재하기 전에 이미 추락하는 현재의 급박한 접근 속에서 주어진다(살아 있는 시간성 안에서 당연히 그래야 하는 것처럼). 왜냐하면 "알고 있었다"는 숨을 끊는 급박함을 가지고, 시간을 가장 오래된 과거(현재가 없는 과거)로 기울게 하기 때문이다. "알고 있었다", 완성된 지식의 절대성. "알고 있었다"는 일반적으로 내가 현재에서 아는 자였던 순간이 있었다는 사실의 인증이다. 그런데 여기서 **"알고 있었다"**는 현전과, 즉 지식의 유지자인 현재의 나와 전혀 일치하지 않는다. 내가 만지지 못하는 미래의 급박성으로부터(내가 …할 거라고 예감한다.) 그리고 어떤 현실성도 통과함이 없이, 모든 것은 알고 있었다는 단어 안에서 붕괴된다. 그리고 "알고 있었다"는 가식도, 조롱도, 무지의 주름도 아니다. "알고 있었다"는 반복된 지식이다. 즉 확실성의 형식이다. 절대지식으로서 있을 것이고, 있었다. 이 지식은 존재함이 없이, 항상 이미 주체의 결핍 안에서, 그 주체가 개별적이건 보편적이건 간에, 현재에서 지식을 담지할 수 있는 이 주체의 결핍 안에서 사라진다.

❖ 집단 수용소와 유대인 말살, 죽음이 계속 자신의 과업을 완수하는 죽음의 수용소는 역사 안에서 역사를 단절했던 절대였다는 사실, 우리는 그것을 그것 이외에 다른 것을 전혀 말함이 없이 말**해야 한다**. 이로부터 담론은 전제될 수 없다. 증거를 필요로 하는 자들은 증거를 가질 수 없다. 같은 생각을 가진 사람들 사이의 동의, 혹은 우정 안에서조차 어떤 가능한 진술도 없다. 왜냐하면 모든 진술은 이미 다 잘려졌기 때문에 그리고 우정은 그 안에서 어렵게만 유지되기 때문이다. 모든 것이 어둠으로 떨어지고 어떤 현재도 이 사실에 저항하지 않는다.

❖ 세계 안에 견딜 수 없는 모든 순간(고문, 억압, 불행, 굶주림, 수용소)에 대한 인식은 견딜 수 없다. 그 인식은 구부러지고, 무너진다. 그리고 그 불행의 순간에 노출된 자도 인식과 더불어 무너진다. 인식은 인식 일반이 아니다. 견딜 수 없는 것의 모든 지식은 곧 지식을 잃어버린다. 우리는 따라서 상실과 반수半睡 사이에서 산다. 이런 지식은 이미 길을 잃기에 충분하다.

❖ 불안의 인식, 그런데 불안은 인식에 의존하지 않는다. 인식 없는 불안은 인식의 다른 형식에 속할 수 있다. 즉 불안을 고립시키는 것, 이 절대적인 고독은 불안으로부터 오고, 그 주변에 원을 그리

고 그것이 가져오는 인식의 상실은 불안을 줄이지 않는다. 반대로 더 불안하게 하고 부동성이 된다. 왜냐하면 불안은 고통을 겪을 뿐이고, 사물의 관성 — 불안을 그 말에서까지 침묵시키는 무언증, 그것을 빠져나가게 하는 모든 것, 그리고 불안에 의해 빠져나가는 모든 것 — 도 미치지 못하는 수동성 안에서도 충분히 고통스럽지 않기 때문이다. 이로부터 경계선이 생겨난다. 한편에 불안한 사람이, 다른 한편에 이해하고 돌보고, 사는 다른 사람들이 있다. 그리고 또한 자기 자신은 전혀 표시되지 않고 경계가 있다는 것을 이해하는 사람들이 있다. 불안은 감추고, 피한다. 그리고 불안은 모든 불안과 관계한다. 불안은 모든 것의 불안이다.

❖ 밤, 누가 죽는지 우리가 알지 못하는 죽음의 꿈들. 죽음의 위협을 받는 모든 사람들. 그리고 **더 나아가** 자기 자신.

❖ 상실과의 계약처럼, 약간의 거짓말, 약간의 기만을 인정하자. 진리의 보상 없이. 그리고 이것은 우리가 자신을 약간만을 상실하는 것을 허용한다. 상실에서 벗어난 상태의 보증도 없이 말이다.

❖ 이것은 인간의 힘을 초월한다. 그런데 그것을 못하도록 선고된 사람이 그것을 한다.

❖ 왜 죽음 후에 모든 것은 공적이 되어야 하는가? 왜 생전에 전혀 출간하기를 동의하지 않았던 니체 또는 다른 작가의 모든 텍스트

를 출간해야 하는가? 그것은 우리들 각자 안에서, 그럼에도 불구하고, 어떤 동의를 발견하는가? 마치 파괴할 수 없는 것이 그것에 의해 확인되는 것처럼 말이다. 아무것도 파괴하지 말자. 죽음의 상실이 알려졌을 때, 이것은 존중인가? 모든 지식과 모든 소유의 욕망, 다시 말해 인류의 혹은 다만 유명한 사람들의 대문집 안에 모든 것을 보존하고자 하는 욕망인가? 혹은 모든 것을 잃어버릴지도 모른다는 두려움인가? 이 덧없는 텍스트 안에서 우리는 무엇을 찾는가? 어떤 텍스트 안에서도 발견되지 않는 어떤 것, 텍스트 바깥의 어떤 것, 여분의 말, 전작의 완전성에 부족하지 않기 위해 혹은 반대로 항상 부족한 것을 위해? 아니면, 우리는 원시의 힘에, 모든 것을 바깥으로 밀치는 원시의 힘에 자리를 양보하는가? 그것은 어떤 휴식도 허락하지 않고, 결국 어떤 것이 한순간 침묵하는 것을 방해할 것이다.

❖ 마치 철학 뒤에서 철학의 거부가 말을 하듯이, 담론 뒤에서는 담론의 거부가 말을 한다. 말하지 않고, 폭력적이고, 도망치는 말은 아무것도 말하지 않고, 갑자기 소리 지른다. 누군가 말을 하자마자, 각자 자신의 몫에서 책임을, 너무 무거워 거부하는 책임을 가진다. 그런데 항상 공허한 책임은 모든 거부 이전에 그를 짓누른다. 그리고 그 중력에 의해 그가 무너질 때조차, 그는 무너지면서도 그것을 끌고 간다. 더 나아가 그는 자신의 무너짐에 대한 책임을 가진다.

❖ 글쓰기에 의해 배반되는 것은, 글쓰기가 옮겨 적어야 하는 것이

아니다. 더욱이 글쓰기는 **옮**겨질 수 없다. 그것은 배반하고, 공허하게 웃음과 눈물과 수동적인 냉정에 호소하고, 모든 수동성보다 더 수동적으로 쓰고자 하는 글쓰기 그 자체다.

❖ "나는 네가 나에게 말하는 그 말을, 나를 진정시키면서 그 안으로 나를 끌어당기기 위해 네가 나에게 제시하는 그 담론을, 한 진술의 현전 안에서 네가 나를 잡고 있는 너의 일련의 단어들의 지속을, 그리고 특히 대답하지 않는 나의 침묵에도 불구하고 네가 나에게 말을 건다는 유일한 사실에 의해 우리 사이에 네가 창출하는 이 관계를 거부한다." —"너는 누구냐?" —"담론의 거부, 담론의 법칙과 결속하는 것에 대한 거부." —"너는 눈물, 웃음, 부동의 광기를 선호하는가?" —"나는 말한다. 그런데 나는 너의 담론 안에서 말하지 않는다. 나는 네가 말을 가지고 말하는 것을 방해한다. 너는 네가 말없이 말하도록 강요한다. 너를 위한 탈출구는 없으며, 너는 너의 모든 말들 이전에 너의 모든 말들 안에 머무는 나로부터 휴식할 한순간도 없다." —"나는 너의 침입으로부터 나를 보호하고, 나에게 말하는 것을 그리고 잘 전개된 말들의 평화를 따라서 말하면서 아는 것을 허락하는 논리의 거대한 로고스를 발명했다." —"그런데 너의 논리 안에, 법을 만드는 일치의 억압을 비난하면서, 나도 거기에 있고, 나는 너의 합법적인 폭력의 가면 아래서 확인되는 나의 폭력, 즉 사유를 이해의 파악에 종속시키는 나의 폭력과 더불어 거기에 있다." —"나는 너에게 말하기 위해, 너에게 말하면서 침묵하게 하기 위해 시적인 불규칙성을, 부서지는 말들의 실수,

기호들의 단절, 금지된 이미지를 발명했다."—"나는 침묵한다. 그리고 곧 낮과 밤의 파임 안에서, 너는 내가 말하는 것을 듣고, 너는 듣기만 하고, 아무것도 듣지 않고, 내가 간단한 말들로, 고통스러운 비명들로, 행복한 사람들의 한숨으로, 시간의 소용돌이로, 공간의 상실로 말하는 세상에서 이미 지나간 웅성거림을 여기저기에서 듣는다."—"나는 내가 너를 배반할 것이라는 것을 안다."—"너는 나를 배반할 수도, 나에게 충실할 수도 없다. 나는 믿음을 모르고, 나는 비밀을 요구하는 알 수 없는 자도 아니고, 무언증이 드러내는 비-소통적인 자도 아니다. 나는 또한 네가 말의 폭력으로 방어하는 말 없는 폭력도 아니다."—"그럼에도 불구하고, 부정할 때 긍정하면서, 긍정할 때 부정하면서 항상 가늠할 수 없는 뿌리 뽑음에 의해 모든 것을 초토화하면서, 나는 너를 다른 말로 나를 유혹하기 위해 말의 **질서**에서 나를 제외시키고자 하는 전혀 발설되지 않은 말이라고 혹은 또한 잉여의 말이라고 비난한다. 너는 나를 괴롭힌다. 사실이다. 심지어 나를 평화롭게 내버려둘 때조차도 말이다. 그런데 나도 역시 너를 괴롭힐 수 있다. 정의, 진리, 진리, 정의, 비웃으며 네가 버렸던 이 용어들이 이번에는 너를 뒤쫓는다. 네가 그것들을 돌려보낸 **타자** 안에서까지 너를 뒤쫓는다. 네가 내게 던지는 부당한 욕설은 나를 기분 좋게 한다. 나는 심지어 너는 선한 어떤 것도 취하지 않는 선이라고 말할 것이다."—"너는 그렇게 말할 수 있으며, 나는 모든 것을 받아들이고, 모든 것 안에서 고백한다."—"너는 모든 것의 예외를 만드는 우정을 내가 의심하고, 의심하게 하기 위해 모든 것을 인정한다. 왜냐하면 너의 앞선 거부, 아무엇도 고백하지 않는 고백은 타자l'Autre에 호소하는 이 유일한 말에 가장 가까웠기 때문이다."—"네가 원한다면, 나는 유일한 자l'Unique다."—"아니, 너는 단일성 안에 휴식에 의해 나를 유혹하지 않을 것이다. 나는 이 단일성 너머에서 너를 부른다. 마치 모든 기도祈禱 이전에 나의 집요하고 침통한 애걸에 의해 너에게, 너 모르게, 간청하듯이."—"좋다. 나는 네가 나에게 간청하기 전에 대답한다. 그리고 나는 영원히 나의 대답에 대한 책임을 너에게 지우고, 나의 가벼움으로 너를 무겁게 한다."—"나는 너에게 복종하지 않을 것이다. 나의 소원, 나의 힘, 나의 욕망의 피곤에 너를 연루시키지 않기 위해, 너로부터 멀리 있고자 하는 나의 욕망에 복종할 때조차도 말이다. 그리고 빚을 청산했다는 유일한 사실에 의해 나는 너와 함께 빚 안에 있을 것이다."—"나는 또한 이것들을 받아들인다. 그런데 지금 나는 선하고 또 선한 말인 것처럼, 나는 너에게 친절하게 미리 알려 준다. 너는 다만 나의 옛 자리—담론 없는 담론, 말 없는 밤들에 의해 흔들리는 중얼거림, 선의와 악의를 동시에 가진, 그런데 모든 들음과 모든 대답을 불가능하게 하기 위해, 여전히 깨어서 경계하고 항상 귀 기울이는 신음하는 웅성거림—를 차지했다."—"그렇다. 나는 이 중얼거림이고, 너 역시 이 중얼거림이다. 그런데 하나는 항상 다른 하나와, 중얼거리며 아무것도 말하지 않는 그것과 모든 면에서 분리되어 있다. 아, 비천한 웅성거림."—"탁월한."—"**그것은 자신의 길을 가는 것** 이외에 아무것도 말하지 않는다."

❖ "한 명 안에서 모두를 환대하기 위해, 단 한 명의, 너에게 가장 가까이 있는 자의 불행을 받아들이는 것으로 충분하다."—"이 말은 나를 위로하지 않는다. 어떻게 한 명의 불행을 받아들이면서 모두의 불행을 환대한다고 감히 말할 수 있는가? 나의 불행조차도 받아들이지 못하면서 말이다."—"너의 불행 안에 불행한 자를 환대하라."

❖ 이미 부서진 것의 허약함—수동적일 수 있는 모든 것보다 더 수동적인 정념, 동의에 앞서서 죽어 감의 이행이 어떤 긍정 안에서 이미 일어난 것처럼, 긍정 전에 '그렇다'를 말하는 '그렇다'—만이 중성에 대답할 것이다. 대답하지 않는 대답, 항상 대답할 뻔했던 대답, 대답을 저버리는 대답을 제외하고, 아무것도 중성에—이름 없는 이름에—대답하지 않는다. "넘어가기" 위한 충분한 인내가 없는 듯이, "저 너머로의 발걸음"이 완성됨이 없이. 수동성의 신기루는 거의 정반대인 자발성이다. 자동적인 글쓰기는, 그것이 가진 어려움과 모든 위험에도 불구하고, 표면적인 규칙만을 정지시키면서 (가장 깊이 각인된 법은—헛되이일지라도—공격하지 않으면서), 가는 대로 글쓰기의 운동을 내버려둘 수 있다고 믿는다. 그런데 만일 글쓰기에서, 글쓰기가 단순한 복종의 힘에 의해, 마치 우리가 누군가의 힘에 복종할 때 일어나는 것처럼, 글쓰기가 자신을 방임하거나 포기하지—그렇게 되지—않는다면, 글쓰기는 자신이 가는 대로 내버려둘 수 없다. 그리고 받아쓰기도 없다. 말함le dire 의 받아쓰기는 항상 이미 앞선 반복에서 사라진다. 왜냐하면 말함은 아무것도 다시 말할redire 수 없기 때문이다. 말함의 다시 말함la redite은 우리에게 수동성의—수동적으로 애매한—어떤 것을 말한다. 그 수동성 안에서 모든 말함의 결정은 이미 내려진다. 위반은 단순히 가도록 내버려두는 것이 아니다. 위반은 결정하는 것이 아니고, 그것이 아무것에도 의존하지 않는 거기에서, 우연히 그리고 존엄하게, 그 가능성을, 그것의 불가능성까지, 초과할 것이다. 위반은 정념, 인내, 수동성에 의해, 그리고 우리의 현전을 회피하는 "가벼움을 통해 죽어 가는 이 죽어 감" 안에서, 항상 우리 자신의 가장 수동적인 것을 위반한다. 그리고 이 가벼움을 통해, 도망칠 수 없이 도망친다. 수동성, 인내, 정념. 그리고 이 수동성은 부정의 염려, 조바심, 무한한 방랑을 포기하고, 그렇게—그런 식으로!—중성의 부정적인 특징을 중성에 내버려두는 이 물러섬을 중성에서 빼낼 것이다.

❖ 그가 허약하고, 인내하고, 수동적인 것에서 만족한다면, 그리고 두려움(아무것에 의해서도 유발되지 않는 두려움), 마을을 지배하는 오래된 두려움이, 마을 앞에 얼굴들을 솟아나게 하고, 두려움의 과거로서 그 안에서 지나간다면, 그가 겪지 않은 두려움은 항상 그가 지닌 허약함에 대한 의식을 훨씬 넘어서, 그를 더더욱 두렵게 하기에 충분하다. 그런데 거기서 문장이, 단절되면서, 도달하지 못하는 한 문장의 단절만을 그에게 제공하듯이, 또 두려움의 지평에서 허약한 인내가 허약함에만 의존하듯이, 두려움은 사유를 헤아릴 수 없이 허약하게 만들면서 사유를 불안하게 한다.

❖ 삶의 허약함이 아닌 허약함, 부서지는 것의 허약함이 아니라, 부서진 조각의 허약함, 거기에 **나는** 도달할 수 없고, 양보하는, 타자에게 자리를 양보하는 나의 나약함 안에서조차 거기에 도달할 수 없다.

❖ 거대해 보이는 방의 크기를 측정하려고 그는 방을 한 바퀴 돌았다. 그것은 몇 발자국 만에 끝났다. 탁자에 몸을 기대고, 잠으로 어두워진 얼굴을 한 한 친구는 조용히 그를 관찰하는 것처럼 보였다. 그는 다시 움직이기 시작했다. 이번에는 어쩌면, 피곤 때문에, 측정을 끝낼 수가 없었고, 방 안을 다시 돌 수가 없었다. 그 피곤은 방 안에 있는 자신을 고려하지 않고 공간을 한정해야 하는 것에서 왔다.—바깥의 관점에서, 갑자기 이 친구의 얼굴이, 눈을 감은 친구의 얼굴이 선의 미소로 빛났다.

❖ 불안, 지하 세계. 거기서 깨어남은 잠에 이르지 않고 잠은 깨어남에 이르지 않으며, 거기서 잠은 불안을 잠재우지 못하며, 거기서 잠은 깨어나고, 우리는 불안에서 불안으로 깨어난다. 마치 불안이 낮과 밤, 우주, 세계의 종말, 모든 것을 존속하게 하는 부동의 재난인 것처럼.

❖ 우리가 추락할 때—항상 위에서 우리가 있던 아주 낮은 곳으로—그리고 한 친구의 손이 추락의 가장 어두운 순간에 갑자기 당신을 잡을 때, 우리는 결국 떨어지지 않는다는 것을 알아차린다. 그

런데 우리는 다만 잘못 거기에 존재한다는 감정에 의해 움츠러들고, 움직일 수 없게 된다. 그리고 우리가 거기에 존재하지 말아야 하는 만큼 더더욱 움직일 수 없었다.

❖ "나는 아프다. 세계는 나를 세계의 악으로 유혹한다. 그리고 나는 나의 악을 가지고 세계의 악을 어둡게 한다. 그리고 악이 자아를 괴롭히기 위해 내 안에 자아를 보존하기 때문에, 나는 더더욱 아프다." — "너는 그와 반대로 말할 수 있을 것이다. 왜냐하면 너는 그것을 말할 수 있기 때문이다." — "나는 그것 때문에 더더욱 불행하다." — "너는 뭔가를 잊지 않았는가?"

❖ 불행은 절대적이다. 더 악화될 수도, 때로 가벼워질 수도 없다는 점에서.

❖ 써지지 않는 것의 압력에 저항하기 위해서는 천천히 써라. 아주 천천히, 무서운 전복에 의해, 우리가 시작하기 훨씬 전에 모든 것이 써진 채로 발견된다. 출간에 의해 필연적으로 익명으로 향하는 글쓰기처럼.

❖ 잠이 불안을 재운다. 그리고 이 잠 속의 불안의 상태 속에서, 우리는 전적인 불안 아래 놓이고, 명증성을 가장하는 혹은 더 불안하게 하기 위해 명증성을 깨우는 불안의 불면 아래 놓인다.

❖ 익명은 이름에만 가치를 부여하는 것이 아니다. 그것은 심지어 언어 밖에 한 이름, 예를 들어 신과 같이 발설 불가능한 이름에도 가치를 부여한다. 그런데 신은 이름의 부재에 대한 징후이며, 이 징후가 징후로 남는 일관성에 대한 징후이며, 그리고 이 일관성은 출간된 혹은 출간되지 않은 텍스트가, 그것을 해체하는 모든 것을 거쳐서, 결국 징후가 되도록 하는 것이다.

❖ 니체는 미쳐서 죽었다. 그런데 니체에게서 죽어 감은, 비-광기를 모르는 것처럼 광기를 모른다. 시간 밖의 시간에서 니체가 죽는 한에서, 죽어 감은, 비록 영원회귀의 사유가, 한순간 동안, 현재로서 이 순간으로부터 철학자를 해방하면서, 마치 죽어 감의 가벼움에 의해 광기의 바깥에 놓이는 것처럼 철학자를 자기 자신 바깥으로 들어올리면서 건너기를 강요하는 이 경계선에서 그가 광기와 부딪쳤을 때조차, 그를 광기의 철학자로 만드는 특징일 수 없다. 이때 회귀의 사유는, 죽어 감의 가벼움을 거짓으로 인도하면서 —이런 운동에 자신을 내맡기기 위해 이 거짓이 필요한 것처럼 —이 가벼움 너머로, 이 가벼움이 사유 안에 모든 무게, 느림, 헛되이 죽어 감에 도달하지 못하는 영원한 늦음을 보상하고자 하는 사유의 지고한 어려움을 가지고 사유 안에서 다시 파악될 때까지, 이 죽어 감의 가벼움을 표현한다/건넌다tra-duit.* "미친" 죽어 감, 그것은 죽

---

* '번역하다', '표현하다'라는 의미의 'tra-duire'(라틴어로는 tra-ducere)는 한 지점에서 다른 지점으로 건너가는 것을 의미한다.

어 감에 늦음 안에서 늦음의 죽어 감일 것이고, 광기도 모르게 죽어 가는 살아 있는 사람들이 배제에 의해 가시적으로 혹은 비가시적으로 확인하는 일종의 예상된 죽음으로 간주하는 것이다.

니체의 광기. 그것은 마치 죽어 감이 위험스럽게 그를 영구화하는 듯이 일어났다. 죽음의 영원성을 가지고, 영원성의 애매성을 가지고, 결국 완수된 위반의 위험을 가지고서—그리고 갑자기 그의 광기는, 그 문턱을 넘어서고, 바깥으로 던져지고, 그의 정신의 몽롱함의 침묵이 그를 몰아넣은 노출exposition 안에서, 그 바깥에 의해 문턱으로 다시 인도되는 듯이 일어났다. 따라서 광기에 의한 것을 제외하고는 누구도 그 문턱을 넘지 못하고, 광기는 이 문턱일 뿐인 이 바깥이다.

❖ 그는 그들을 옛날의 두려움이 그에게 들이미는 얼굴들과 다른 것으로 본 적이 없다. 이로부터 미와 젊음의 끌림은 그가 그들과 어울리는 것을 방해했다. 비록 그들의 접근, 가깝지도 멀지도 않은 문턱의 접근이, 물론 유혹적으로, 공간이 펼치는 고유한 놀이를 따라서, 공간에 의해 약속된 혹은 거부된 근접성의 이념을 유혹적인 것으로 만든다고 할지라도 말이다.

❖ 만일 자아가 모든 이들의 불행 아래서 기력이 쇠약해진다면, 자아는 이 불행에 의해, 쇠약한 결국 모든 이의, 불행한 모든 이의 자아가 될 위험이 있다. 그런데 불행은 이런 자아, 불행한 나를 허용하지 않는다. 다시 말해 불행은 항상 자아를 파괴하고, 자아를 다른

관계, 타자와의 다른 관계로 대체한다고 생각하는 것 —다만 생각하는 것 — 그리고 불행은, 자아가 될 권리가 없는, 그것이 비록 특이한 자아일지라도, 고통스러운 자아조차 될 수 없는 일시적인 특이성 안에서, 자아를 제거한다고 생각하는 것조차 허락하지 않는다. 이런 자아는 수동성 안에 고통, 고통의 감정과 분리될 정도로, 그런데 이 고통받지 않는, 고통받는 것이 허락되지 않는, 마치 고통으로부터 멀리 보내진 것처럼, 고통받는 타자와의 관계를 유지하는 것이 허용되지 않는 수동성에 의해서만 불릴 정도로, 다만 감수할 뿐이다.

전적으로 수동적인 것의 "걸음" — "저 너머로의 발걸음"? —그것은 차라리 전개되면서 감내하지도, 책임지지도 않는 낯선 한 관계의 자기 안으로의 접힘이다. 위반하는 수동성passivité transgressive,* 아무것도 감내되지 않고, 작동하지 않으며, 아무것하고도 관계하지 않는 죽어 감. 그것은 다만 타자의 죽어 감을 저버리는 것에 의해서만 그 이름을 가진다.

❖ "내가 죽어 가고, 이것이 나와 상관이 없다"는 것이 아니라, "나와 상관없는 죽어 감"이 모든 죽어 감 안에서, 가장 수동적인 정념 안에서, 내가 겪지도 책임지지도 않는 이 관계(무관한 것과의 관계)

---

* 위반하는 수동성(passivité transgressive)은 부정(금지)으로서의 발걸음(le pas)이 타자의 죽음과의 관계에서 넘어가는/금지를 위반하는 수동성의 발걸음으로 변형된 것을 말한다. 그러나 그 발걸음을 완성함이 없이 말이다. 왜냐하면 그 죽음은 너의 죽음도, 나의 죽음도 아닌, 익명적인 우리(On)의 죽어 감일 뿐이기 때문이다.

를—책임감 없이—책임지기에 이르면서, 나와 상관없는 관계에 의해 나를 위험에 처하게 한다. 죽어 감의 수동성은 내가 죽음을 받아들이는 것을 허락하지도, 타자 안에서 죽는 것도 허락하지 않는다. 의도적으로 타자를 위해 죽는 것은, 자살처럼, 여러 수준의 다른 윤리적 이유로, 또 누구도 그에 대해 찬반을 표명할 수 없는 행위에 의해서, 수동성이 자신의 수동성 안에서 행위하기를 원하는 그 순간을 지시한다. 그것은 어쩌면 실천적 관대함이 실현 불가능한 것을 현실적으로 만들면서 이르는 것일지도 모른다.

❖ 책임을 회피하는 것을 책임지기.

❖ 죽어 감은 마치 옮겨진 주체, "죽어 가는-나"의 탐구에서처럼, 마치 죽어 감이 자신의 고유한 가벼움에 의해 피곤해진 것처럼, 성취되지 않는(비-성취에 의해 성취된) 위반의 표지인 것처럼 일어난다. 이로부터 우리는 마치 죽어 감을 해방하기 위한 것처럼 멍하니, 무겁게, 때때로 심각한 책임성을 가지고—영웅적인, 관대한, 능동적인 죽음을—죽거나, 혹은 큰 휴식의 관성으로 우리를 인도하면서, 우리는 죽은 것들의 예고된 그 무게에 짓눌려 죽는다. 이때 우리는 죽어 감의 수동성—가장 수동적인 정념—때문이 아니라, 관성적인 죽음 때문에 죽는다.

❖ 죽어 감의 허약성—부서짐의 허약성—은 우리가 허약해지고 상처받고, 부서질 권리를 우리에게 허락하지 않는다. 그렇다고 해

서 그것은 우리가 강하고, 무사하고, 구원할 수 있는 권리를 우리에게 허락하는 것도 아니다. 그것이 아무리 희생과 같은 상실일 때조차도 말이다.

❖ "나는 죽는다. 나는 너에게 무게, 고통의 짐, 너에게 더 이상 대답하지 않는 말일 뿐이고, 네가 사랑할 수 없는, 너의 기억 속에서조차 잊혀질 수 있는 생기 없는 사물 이외에 아무것도 아니다." — "죽어 가면서 너는 죽지 않는다. 너는 나에게 모든 고통, 모든 위로를 초월하는 일치 l'accord로서 이 죽어 감을 허락한다. 그리고 거기에서 나는 찢김 안에서조차도 가만히 떤다. 너와 나 너머에 증여를 받으면서, 너와 함께 말을 잃어버리고, 너 없이 너와 함께 죽어 가면서, 너 대신에 내가 죽도록 내버려둔다." — "내가 죽어 가는 사이에 너를 살게 하는 환상 속에서." — "네가 죽어 가는 사이에 너를 죽게 하는 환상 속에서."

❖ 글쓰기. 공허를 겨냥하는 화살―미래와 과거 사이에 시대착오. 화살은 항상 너무 일찍 떨어진다. 화살은 견딜 수 없이 가득 찬 과거의 충만 안에, 미래 없는 미래의 충만 안에, 그것이 아니면, 더 나쁘게는 모든 것을 자원과 삶이 충만한 글로 바꾸는 현재의 충만 안에 떨어진다.

❖ 모든 이의 불행과의 일치 안에서, 모든 일치를 거부하는 이 불행.

❖ 마치 인식이란 우리가 그 앎을 더 이상 견딜 수 없다는 것을 알기

위해서만 우리에게 허락되는 것처럼 일어난다.

❖ "왜 이것을 썼는가?" — "달리 다른 방법이 없었다." — "왜 이 글 쓰기의 필연성은 불필요한, 공허한, 항상 여분의 것처럼 보이는 아무것도 아닌 것을 야기하는가?" — "필연성은 이미 여분의 것이었다." "'달리 다른 방법이 없었다'의 어쩔 수 없음 안에는 이 어쩔 수 없음이 그 자신 안에 자기정당성을 가지지 않는 것 이상의 어떤 어쩔 수 없음의 감정이 있다."

❖ 나는 모른다. 그런데 나는 내가 알았다는 것을 알게 될 것이라는 것을 안다. 나는 알고 있었다는 사실을 나중에야 알게 될 것이라는 것을 안다.

❖ 자유롭게 죽어 감. 환상(그런데 비난하는 것이 불가능한). 왜냐하면 우리가 비록 죽어 감에 대해 자유롭다고 믿는 환상을 포기할 지라도, 우리는 항상 늦게 도달하는 단어들에 의해, 즉 무상, 경박함, — 제멋대로 노는 가벼운 불꽃 — 파악할 수 없는 것의 불복종을 지닌 죽어 감의 피할 수 없는 가벼움이라 부르는 것 등과 대면하기에 이른다. 그로부터 사유, 자유롭게 죽어 감, 그런데 우리의 자유에 의해서가 아니라, 수동성, 포기(극단적으로 수동적인 주의)에 의한, 죽어 감의 자유를 따른 자유롭게 죽어 감이 있게 된다. 그런데 죽어 감은 다만 모든 힘 이전에 존재하는 것이 아니다. 다시 말해 우리와의 관계에서 불가능한 것도, 우리가 자유롭게 책임질 수 없

는 것도, 강요에 의해 따를 수 없는 것도 아니다. 죽어 감은 또한 현재의 부재 안에서, 그것이 남긴 흔적의 결핍 안에서, 죽기에도, 한 죽어 감을 구성하기에도 너무 가볍다. 이 구성되지도-구성하지도 않는 것은 가장 수동적인 허약성에 이르고, 어떤 도움도 없이 우리를 저버리면서, 우리를 벌거벗기면서, 우리가 겪지 않은 정념과 단어 없는 담론에 우리를 노출시키면서 보이지 않게 우리를 파괴하고 파면한다. 우리가 환상의 비실재로 떨어지자마자, 떨어지고자 노력하자마자, 모든 것은 되돌아온다. 거기에 가벼움이 있고, 심각함이 있다. 무상과 책임이, 무죄와 신랄한 고발이 있다.

❖ 불행, 이 단어는 우리에게 아무 설명도 없이, 그것에 대답하는 것을 허락함이 없이 우리 위로 떨어진다. 운명 없는 운명. 우리는 이 불행에 대항해 아무것도 할 수 없다. 불행은 우리에게 말없이 말한다. 그런데 그것을 지울 수 있는 행위, 그것을 고정할 시선이 없음에도 불구하고, 우리는 우리가 따르는 수동성보다 더 수동적인 것이 있다는 것을 느낄 수 있지 않은가? 그리고 거기서 그것이 우리에게 표상하는 이 자연적 운명의—전혀 발설되지 않은 그런데 영원히 말해진 말의—특징을 그것에서 끌어내는 것이 우리에게 주어지지 않는가? 아마도 사유는 그것의 가장 수동적이고, 모든 불행보다 더 불행한 정념 안에서, 타자 안에서 타자에게 대답하기 위한 어떤 거리를 허락하는 수동성에 도달하는 불행에 직면해서 사유되는 존재자일지도 모른다. 거기서, 모든 원인(사회적, 역사적, 혹은 윤리적)을 회피하기를 열망하는, 아니면 적어도 그 모든 원인을 항

상 넘어서기를 바라는 존재자는 그 어두운 지상권 안에서, 폐허에서 긍정된다. 그렇다. 아마도, 다만 아마도.

❖ 단일성의 열망이 궁극적인 요구인 자, 그에게 삶은 살아 있는 단일성이다. 이것은 심지어 보통 그에게 행복을 약속하고 가장 불확실한 순간들에서조차 가장 행복하게 사는 것을 허락할지도 모른다. 불행한 의식은, 분리 안에서, 단일성이 결핍된 삶 때문에 고통을 받을 수 있다. 의식이 불행하게 살고, 단일성의 이상, 그에게 행복의 가능성을 표상하는 이상, 이 비탄의 증여를 기도하는 것은 바로 이 삶으로부터다. 불행은 불행한 의식을 사는 것에 대한 의식을 가지지 않으며, 또 영원히 잘못된 열망으로서 느끼는 화해 때문에 영원히 고통받는 "단순한" 분리—그것은 그 자체 찢김 그 자체이기에 가장 비장하게 찢어진 분리—안에서 살지도 않는다. 불행은 마치 다만 불행으로만 열린 불행한 의식을 거쳐서 오듯이, 행복한 의식을 거쳐서 온다.

프로이트는, 자기 자신을 생각하면서, 단일성을 필요로 하지 않는 자(그에게 이런 필요는 철학적이거나 종교적인 것처럼 보였다.)는 가장 우호적인 삶으로부터, 삶이 우리를 사로잡는 흥분 혹은 도취감의 위대한 순간들 앞에서, 멜랑콜리한, 아니 차라리 거부와 두려움의 감정을 가진 삶의 흐름의 호의만을 받을 수 있다고 말한 듯하다. 마치 이 흥분감이 부름, 다시 말해 원하지 않는 어떤 것에 일치하지 않는 강요, 혼동된 욕망의 침입인 것처럼 말이다. 그런데 어쩌면 그 이상의 것을, 우리가 최고의 이성과, 가장 강한 욕망에 의해 필연적으로 열망하는 단일성을 말해야 할지도 모른다. 따라서 그것을 그리워할 필요도, 그것을 약속하는 향유처럼, 그 결핍 때문에 앞서서 고통받을 필요도 없다. 왜냐하면 단일성도, 유일한 것도 궁극적인 요구가 아니기 때문이다. 다만 요구의 궁극성에 멈추는 자에게만, 최초의 시작으로, 기원 안에 본래적인 것으로 거슬러 올라가는 것에 만족하는 자에게만 그것은 궁극적인 요구일 것이다. 타자는, 비록 우리가 대타자의 애매한 요구에 대답—모르는 대답—할 수 있기 위해, 일자의 필연성을 거쳐 간다고 할지라도, 끌림 없는 끌림 안에서, 전혀 궁극적인 어떤 것도, 완수되거나 시작할 수 있는 어떤 것도 제안하지 않는다. 우리가 대타자 안에서 여전히 변증법적 타자성의 형식들뿐만 아니라, 일자와 단일성 바깥에서, 타자의 미지성도 전혀 알아차리지 못할 거라는 것을 확신할 수 없을 때, 대타자는 애매한 요구로 남는다. 이로부터 어쩌면 글쓰기의 조각난 요구는, 다만 담론이 약속하는 단일성을 거쳐서, 그리고 그것의 여백에서, 행복 혹은 삶의 불행과 멀리까지 공명을 일으킬 것이다. 이 삶의 불행에, 다른 불행, 불행 없는 불행의 유혹을 제공하면서, 그러한 불행은 어떤 "깊은" 불행의 위로조차도 허락하지 않을 것이다.

결국 불행한 요구에 대답하기 위해, 그런데 모든 이의 불행과의 일치에서가 아니라, 불행한 작은 불행과의 불일치 안에서, 우리는 쓴다.

❖ 불행, 그것이 우리한테만 닥친다면, 어쩌면 우리는 그것을 따를

지도 모른다. 그런데 항상 불행은 우리 안에 타자에, 타인 안에 우리에 도달하고, 우리는 잃어버린 우리의 동일성이 더 이상 따르는 것을 허락하지 않고, 다만 불행과 우리를 동일화하는 것만을 허락하는 가장 수동적인 이 정념으로부터 우리를 분리한다. 그런데 이 불행은 동일한 것 바깥에 존재하며, 동일성 없이, 행위의 가능성 없이, 마치 불행이 항상 타자인 듯이 항상 불행인 타자로 우리를 인도한다. 이 운동, 도달하지 않는 이 운동, 죽어 가면서 우리가 대답하는 전적으로 수동적인 것의 "저 너머로의 발걸음"은 그 자신의 고유한 위반을 위해서만 주어진다. 이것은 마치 죽어 감이, 우리 바깥에서, 그 과정에서 우리를 전적으로 상실하면서, 그리고 이 상실 안에서 우리를 유지하면서, 우리를 타자에게 바치는 것처럼 일어난다.

불행은 **자신**을 견디지 못한다. 불행이 자신을 견디지 못하는 한에서, 마치 불행이 그것을 드러내고 그것을 존재하게 하는 본질에 충실하지 않은 것처럼, 모든 지반의 결여인 이 중성의 비교할 수 없음 안에서, 불행은 우리가 따르는 것 너머로, 절대로 우리의 일이 아닌 위반하는 수동성passivité transgressive에 의해 실려 가기를 요구한다. 그리고 우리가 무엇을 하든, 안 하든, 불행은 하찮은 것으로 느껴지는 가벼움의 진지함 안에서, 자책하는—날카로워진, 고발하는—무죄의 죄의식 안에서, 우리를 가벼움 없이, 무죄 없이 살게 한다. 왜냐하면 무죄는 충분히 무죄한 것으로 절대로 경험되지 않기 때문이다. (그런데 삶의 무죄가 아니라, 죽어 감의 무죄가 문제일 때, 무죄성은 어떻게 경험되는가?)

❖ 절대적인 비소통의 감정, 불행을 불행한 자와 나눌 수 없다는 감정은 "나를" 이 불행으로 데려가는가, 아니면 소통될 수 없는 것의 불행에 한정되는가? 그런데 "나는" 나 자신의 불행보다 타자의 불행을 더 슬퍼한다는 사실이, 그리고 이 슬픔을 잠재울 수 없다는 사실이, 그리고 어쩌면 다만 자아의 약화 안에서 파괴되고 유지되는 자아의 무기력을 비소통이라 우리가 부르는 것이 슬프다는 사실만이 남는다.

❖ 믿는 자들의 최상의 믿음. 그들이 더 이상 아무것도 믿을 수 없는 순간에, 그들이 더 이상 믿음을 가진 자가 아닌 순간에 믿음—어쩌면 믿음에 의해 그들에게 숨겨진 죽음에 대한 믿음.

❖ "너와 나 사이는 마치 너 이상의 것인 어떤 것과 나 이하의 것인 어떤 것 사이에 있는 것처럼 보인다. 그와 그 사이.—이때 너는 나와 상관하지 않는다. 본질적인 것은 상실된다. 우리 관계의 유일한 특징.—너 안에서, 나는 나로부터 자유롭고, 나는 내가 너에 대해 가지는 단순한 의식에서 더 이상 너를 억압하지도, 네가 너 자신에 대해 가지는 의식 안에서 너를 너 자신에 한정하지도 않는다.—그런데 나는 내가 만족하는 겸손한 단일성 안에 한정되고 환대되기를 원한다.—다만 타자들 가운데 일자, 타자들과 바꿀 수 있는 일자, 모습들 가운데 모습, 그리고 너의 욕망의 무한을 따르지도 않는 일자.—그렇다. 이것이다. 대체할 수 있는 것으로서 대체할 수 없는 것, 너의 평범한 유일한 것으로만 알려지는 평범한 유일한 것.—그래서 우리는 서로를 한정함이 없이 만나지

않는가? ─ 너의 대답은 얼마나 모호한가!"

❖ 고통받는 신체는 더 이상 중성이 아닌, 단일성이 없는, 그런데 그 단일성의 시선과 사유를 가진 신체로 살도록 강요되지 않는가? "고유한 신체"는 그것이 탈-소유화되는 한에서 그리고 그에게 아무런 가치가 없는 것을 따라서 평가되는 한에서, 우리는 어떤 주목도 받을 가치가 없는 우리 자신에 주목하도록 강요되지 않는가? "이것에 의해서, 나는 고통받고 어쩌면 이 고통받는 삶의 양식에 의해, 나는 밧줄을 끊는다. 이 단절은 끝이 없다. ─ 너는 이를 위해 모든 것을 사용할 줄 알았다."

❖ 오! 내 안에 공허, 그 안에서, 모든 지난 시간보다 더 오래된 시간 안에서, 나는 이 자아를 버렸다. 그리고 이 지속 없는 시간의 지속 안에서, 자아는 자기 안에 떨어진다.

❖ 타인을 생각하기, 사유로부터 되돌아오는 것이 더 이상 네가 아니기 위해, 그리고 네가 그에게로 가는 것이 이 사유 안에서가 아니기 위해.

❖ "사람들이 나를 생각한다는 사실은 나에게 이 자아를 느끼게 한다. 그런데 사람들이 나를 생각하지 않는다는 사실은 나를 초과하는 이 자아 안에 나를 머물게 한다. ─ 이 사유에서, 적어도 나는 사라진다."

❖ 삶이 간직하는 희망 없이 살기, (우리가 공격성이라고 부르는) 삶에

반해 되돌아오는 희망도 없이 사는 것이 사는 것인가? 죽는 것인가? 삶에 의해 죽음을 말하는 것이 부조리한 것이 사실이라면, 우리는 말 그 자체가, 그리고 말 안에서, 우리에게서 말을 빼앗고 침묵하게 하는 어떤 것이 죽어 감과 더 닮았는지, 또 그것이 우리를, 삶을 말하면서, 희망, 불안, 살아 있는 말들, 더 나아가 우리들 중 누구도 살아서는 건너지 못하는—말 안에서를 제외하고—경계로부터 우리를 멀어지게 하는지를 알 수 없다.

❖ 이상한 위협. "나는 너를 위협하지 않는다. 나는 너를 위협 없는 삶의 중성성 안에 살도록 내버려둔다. 비록 삶이 위협하는 불안에 대항해서 자기를 방어하기 위한 삶의 이유를 너에게 허락하지 않는다고 할지라도.—왜 이런 위협하는 불안이 있는가?—그것은 내가 너를 타인 안에서, 모든 타자 안에서, 다시 말해 너를 옴짝달싹 못하게 하는 불안이 멀어지게 하고, 너를 타자들 때문에 너를 가두는 불안의 고독에서 너 혼자로 환원되는 무한한 장 안에서 너를 위협하기 때문이다.—이 장 안에서 사라진 내 안의 모든 것에 대한 불안.—타자들에 대한 불안한 걱정에 의해 네 안에 세워진 벽—그것은 이 걱정이 나를 충분히 쇠약하게 하지 않았기 때문이고, 너를 저 너머로 가게 하는 이 인내를 드러내지 않았기 때문이다.—너를 해방하기 위해 타자들을 사용하지 마라. 타인을 환대하기 위해 누군가 있기 위해 너는 너 자신이 되도록 선고되었다.—그런데 나는 아무것도 아니고, 나로서 아무것도 아니다.—아무것도 아닌 것, 이것이 필요하고, 견딜 수 없는 아무것도 아닌 것을 견딘다.

❖ 우리를 전적으로 불안 아래 두기 위해 깨어 있는 불안이 졸음으로 잔다. 불안을 위해 자고 있는 불안.

❖ 피곤한 욕망. 피곤 안에서 욕망의 쇠약뿐만 아니라, 마모되고 소모하는 자기 자신에 반한 돌변뿐만 아니라, 욕망이 피곤의 무한에 의해 유지되는 한에서 욕망의 상실은 피곤으로서 그 마모의 무한 안으로 양도된다.

피곤, 균열, 그 말의 어원이 지시하는 것과는 반대로, 마치 이 균열, 아무것도 결핍하지 않은 이 결핍이 피곤 안에서 그 영원의 요소, 무한의 결핍 안에서 무한의 환영을 발견하는 것처럼 일어난다.

❖ 일반성이 우리를 두렵게 하는 순간이 있다. 항상 특이성 너머의 최소한의 말을 가지고, 그것을 원하든 않든 간에, 우리가 사용하는 일반성, 또 그것을 가지고 자신의 실수를 일반적으로 만들 위험을 가진다. 마치 아무런 성과 없는 피곤은 우리를 낙심하게 하고, 이로 인해 세계의 불행의 수준은, 비록 아주 하찮은 것에 의해서일지라도, 악화될 수 있는 것처럼 보인다. "그것은 공통의 행복, 공통의 불행 안에 어떤 것을 위해, 네가 아직 너무 너 자신, 너의 작은 불행, 너의 도덕적 불충분성, 너의 존재의 능력 — 그것이 존재하든 안 하든 — 에 집착하기 때문이다." — 그런데, 내가 존재한다는 단 하나의 사실에 의해, 실존의 경계에서, 생존 속에서 살아남았다는 사실에 의해, 나는 자신의 실존 밖으로 옮겨진 주체가 옮겨지는 원환 안에 탄식하는, 애처로운, 어쩌면 비굴한, 여분의 어떤 것을 도입한다. — 너는 아직 한계에 도달하

지 않았고, 아직 충분히 애처롭지도 않다. 너는 여전이 너의 소유와 너의 존재를 유지하고 있으며, 네가 타자를 위해 거기에 존재하기 이전에 타자만이 너에게 도달하는 수동성에 이를 정도로 아직 허약하지도 않으며, 네가 지르는 비명은 모든 이들의 탄식을 짊어질 정도로 충분하지도 않다.―안다. 나는 아직도 지나치게 존재하며, 지나침은 거의 존재하지 않는 것과 같다.―너는 존재하지 않고, 너는 죽어 간다.―내가 죽을 때, 어쩌면 죽어 감은 덜 무거울 것이고, 단절의 지점에서조차, 그것이 타자의 죽음으로 인한 단절일지라도 덜 무거울 것이다.―죽어 감의 가벼움이 있어라. 다만 그것이 타자를 위한 것이어라. 무거움, 심각성, 책임성, 낯선 질문 속에서, 다시 말해 너 자신을 위해 살지 못하는 불행 속에서 "살" 위험을 무릅쓰면서.

❖ 그는 불행 일반을 증가시키지 않기 위해, 자기 자신으로 인해 불행해지지 않을 수 있었던 평정을, 그것에 도달하기 전에 상실했다. 그는 예상할 수 없는, 우연의, 덧없는 추락에 의해, 평정 아래로, 그 자신이 가장 수동적이 될 수 있는지 확신함이 없이, 곧장 떨어졌다. 그것은 어쩌면 그가 현재하는―현재에서, 그것이 어떤 현재이든 간에―수동성을 가질 수 없기 때문일지도 모른다.

❖ 평정은 자아로서 자신을 경험하지도 못하면서, 자기 안에 타자로부터 해방되기를 원하는 자아의 울타리 안에 갇힌 수동성이다. 여기서 자아는 고통으로부터 추방되는 것이 아니라, 고통을 거부한다.

❖ 침묵은 말들의 거부가 아니라, 모든 말들에서, 그 말들의 도달에서, 그 들음에서, 최소한의 말 안에서조차, 아직 명백하게 전개되지 않은 것의 침묵이다.

❖ "죽음은 죽음에서 우리를 자유롭게 한다. 어쩌면 다만 죽어 감에서. ─죽어 감은 아무것도 자유롭게 할 수 없는 모든 자유 이전에 가벼움이다. ─이것은 아마도, 고대의 분석과는 반대로, 죽음 안에서 우리를 두렵게 하는 것일 것이다. 죽음은 자신 안에 죽음을 진정시킬 어떤 것도 가지지 않기에. 마치 죽음이, 그것이 퍼트리는 존재의 무능력 안에서, 이 무능이 죽음에 속하거나 속하지 않는 불-성취 ─ 불-완성 ─ 로 이어짐이 없이, 죽음에서 살아남는 것처럼. ─존재의 외재성은, 그것이 죽음으로, 죽어 감으로, 타자와의 관계로, 혹은 말이 명백하게 그 자신 안에 갇혀 있지 않을 때 어쩌면 말로 불린다고 할지라도, 자기 자신과의 어떤 관계도 (그것이 동일성의 관계이든 타자성의 관계이든) 허락하지 않는다. ─외재성과 더불어, 말은 어쩌면 절대적으로, 그리고 절대적인 다수를 위해, 그런데 말이 말들로 전개될 수 없는 방식으로 주어지는 것처럼 보인다. 이미 항상 상실된, 어떤 용법도 없이, 말 안에서 상실된 것(말이 헤아릴지도 모르는 상실의 본질)은, 전복에 의해, 어떤 것 ─ 증여, 절대적인 증여, 말의 증여 ─ 이 상실 그 자체 안에서 칭송되거나 지시된다고 주장하지도 못할 정도로 상실된다. ─**따라서 나는 뭔가를 말할 권리를 가지지 않는다. ─정말로 어떤 권리도 가지지 않는다.**"

❖ 만일 말이 타자에게 주어진다면, 말이 이 증여 그 자체라면, 이 증여는 순수한 상실 안에서 그것이 타자에 의해 환대되고, 증여로서 받을 희망을 줄 수 없다. 말은 항상 존재의 외재성(존재하지 않을 외재성)에서 타자에게 외재적이고, 타자는 이 존재의 외재성의 지표—면소免訴, le non-lieu—다. "그럼에도 불구하고, 당신은 이것을 추상적이고, 맹목적이고, 오만한 말들을 가지고 확신에 차서 말합니다.—순수한 상실 안에서, 순수한 상실 안에서.—이것도 여전히 너무도 지나친 확실성을 가지고 말해집니다. 그리고 이것 역시."

❖ 매일, 그는 마지막인 것처럼 하던 것을 하고, 밤은 끝없이 이것을 반복한다.

❖ "우리는 모든 책에서, 모든 말에서, 여전히 어떤 배려, 일종의 말을 위한 기도를 요구하는 어떤 것을 존중해야 한다.—나는 최소한의 말 안에서, 다만 최소한의 말 안에서 그것을 존중한다."

❖ 명령하는 것은 말하는 것이 아니다. 정리하는 것도 말하는 것이 아니다. 언어는 어떤 질서가 아니다. 말하기는 이 질서로부터, 언어의 질서로부터 탈출하고자 하는 시도(유혹)이다. 비록 그것이 언어의 질서 안에 자신을 가두면서만 그렇게 할지라도 말이다. 말하기는, 어떤 존중도 없이, 말이 항상 거부한, 혹은 환대되지도, 거부되지도 않은 채 다만 길을 잃은 이 말하기의 애원이다.

❖ 우정. 친구 없이 모르는 자를 위한 우정.

❖ 마치 죽음이, 죽음을 통해, 죽음을 생각하지 않는 것처럼.

❖ 이 도시에, 우연히, 두 젊은 이름. 부동의 친구 앞에 움직이지 않는, 줄어든, 거대한 방. 무거운 대리석 테이블. 말의 곤혹. 고대의 두려움. 그것 la Chose은 우리를 기억한다.

❖ 오는, 오는, 텅 빈 마을을 위한 기호들, 기호 그 자체. 자신의 이름을 부르는 이름들. 밤으로 이어지는 밤. 우리는 책의 여백에서, 테이블 위에서, 우리가 그 이름을 읽었는지를 묻는다.

❖ 그가 혼자 글을 쓴다면, 혼자 써야 한다면, 그것은 기만을 줄이기 위해 혼자가 낫기 때문이다. 기만은 죽고자 (쓰고자) 하는 완곡한 소원 속에서 강요되는 것이다.

❖ 웅성거림은 도시가 삭막하고, 항상 가장 삭막하다는 것이 이해되는 한 방식일 뿐.

❖ 고대의 두려움, 고대의 두려움의 늙어 감. "두려운가? ─ 오래된 두려움." 그래서 우리는 젊은 이름들의 보증 아래서, 적막한 도시 안에 셀 수 없는 두려움의 거주자들이었다. 두려움을 감추면서, 그 두려움에서 우리를 감추면서.

❖ 네가 아무리 두려움을 믿지 않는다고 말할지라도, 이 너무 오래된 두려움도, 우상도, 형상도, 믿음도 없이, 어떤 너머에서도 긍정되지 않는 이 두려움의 너머는 너를 좁고 끝이 없는 길에서, 목적도 없이, 일상의 약속으로 민다. 이 일상의 약속은 너에게 목적으로 제시되지 않는다. 거기에서, 매일의 낮이 도달한다고 할지라도, 너는 절대로 거기에 도달하지 않는다. "왜냐하면 나는 도망에 의해 거기에 도달하기 때문이다. 끝없이 그것으로부터 도망치면서."

"너는 불안을 존중한다.—어쩌면, 그런데 두려움은 나를 존중하지 않고, 두려움은 어떤 고려도, 존중도 없이 존재한다." 모든 우상들 중에서 가장 심각한 우상. 어떤 존중도 없이 존재하는 것에 대해 존중을 가지는 것.

❖ 내가 네 옆에 있다는 것, 누가 그것을 믿겠는가?

❖ 만일 사는 것이 상실이라면, 우리는 왜 삶을 상실하는 것이 거의 우스꽝스러운 일인가를 이해하게 될 것이다.

❖ 그는 이 두 이름을 발설할 수도 침묵할 수도 없다. 마치 이 두 이름이 그 이름의 일상성 안에서, 항상 언어에서 제외되기 위해 언어를 통과했던 것처럼. 마른 바람에 의해 이리로 저리로 밀려가는 형상들, 이 웅성거림의 바람은 적막한 도시가 무덤의 환영 없이는 존재할 수 없다는 것을 이해하게 한다.

❖ 그들은 너를 들이마신다. ─숨을 내쉬면서만 내가 받게 될 이상한 영감. ─영감은 바로 이렇다. 모든 말이 너에게 주어지기 전에 너에게서 사라지는 날숨의 행운, 날숨의 시간.

그가 쓰는 것보다 항상 더 천천히, 더 빨리 쓰면서.

❖ 말함의-사이entre-dire를 금지interdit*로 고정할 필요가 없다. 그런데 "그럴 필요가 없다"를 당신은 어디에 놓는가? 당신은 어떻게 그것을 말하는가? 그것을 실행하고 완수하면서, 이미 말함의-사이의 간격을 부정적인 명령으로 전환하는 금지로서가 아니라면 당신은 어떻게 그것을 말하겠는가?

❖ **세 발을 떼고, 멈추고, 떨어지고, 즉각적으로 이 덧없는 추락 안에서 안심한다.**

❖ 생존survivre. 그것은 사는 것이 아니고, 살지도 않고 다만 삶 없이, 순수한 보충의 상태에서, 삶을 보충하는 움직임 안에서 지속되는 것이다. 아니, 차라리 죽어 감을 저지하는 것이다. 지속과 반대로 죽어 감을 저지하면서, 저지할 수 없는 것을 저지하는 것이다. 그것을 정지시키지 않는 정지를 정지시키고, 지속과 반대로 그렇게 한다. "말의─불안정한 선─벼랑arrête 위에서 말해라." 그것은 마치 그가 죽어 감의 고갈에 참여하는 것처럼, 마치 밤이, 아주 일찍 시작

---

*107쪽의 옮긴이 주를 참조할 수 있다.

한, 낮보다 일찍 시작한 밤이 밤에 이르는 일이 결코 일어나지 않을 거라고 의심하는 것처럼 일어난다.

❖ 어떤 순간에 우리가 알아차리듯이, 계속 말하기 — 이 말의 생존, 여분의 말 — 는 이미 오래전부터 우리가 더 이상 말을 하지 않는다는 것을 우리에게 경고하는 한 방식이라는 것은 확실하다.

❖ 가까움에서 멀어짐으로 가는 것에 대한 칭송.

❖ 오라, 오라, 오세요. 이 명령, 이 기도, 이 기다림은 당신에게 적절하지 않을지도 모른다.

❖ "너 자신과의 평화가 있기를. — 내 안에는 너나들이할 수 있는 누구도 없다. — 평화가 있기를. 평화, 다만 누그러진 전쟁. — 평화가 있기를, 전쟁 없이는 평화도 없고, 쓸 페이지 밖에서, 서명해야 할 계약 밖에서, 텍스트 밖에서, 국가 밖에서 평화가 있기를. — 바깥은 평화를 약속하지 않는다. — 너도 모르게, 네가 기다릴 수 없는 평화 너머에서 너 자신과의 평화가 있기를. — 네가 약속한 것을 나는 욕망하지 않는다. — 내가 너에게 하지 않는 약속을 욕망 없이 환대하라."

모든 매문적 말 밖에서. 침묵은 주저 없이 감사한다.

❖ 사건과 같은 것이 있었다. 불평 없이 예상할 수 없는 이것은 모든 주

의를 회피했다. 그렇다. 이것이 문제였다. 무엇이 문제였는가? 마치 만족한 죽음이 모든 것을 그대로 남겨 두는 것처럼, 이 죽어 감으로부터 해방된 것처럼. 그리고 이 죽어 감을 위해 침묵 아래서 유지되던 말이 친근하게 지속되었다. 이렇게, 허상들은 그를 떠난 듯이 보였다. 그리고 이것, 이 후회와 비밀의 청산은, 참과 가상으로부터 먼, 놀이와 진실과 거리를 가진, 부동의 운동, 결정적인 느림, 피할 수 없는 고요함을 가진, 여가의 약속 없는 휴식처럼 보였다. 이제 전적으로 가시적이 된 얼굴 위에 주어진 평화는, 회피하던 것에서 벗어난다.

시간의 그늘은, 아주 오래전에, 그들의 얼굴을 환대했다. 기억을 유지하고 잡고자 하는 자에게는 더 이상 대답하지 마라.

❖ 비탄 속에 둘, 그들의 공통의, 덧없는 추락의 좁은 길. 죽어 가는 죽음, 나란히.

❖ 그들은 단일성을 드러냄이 없이 그들을 함께 모으는 이 다수성에 의해 서로에게 다가갔던 것처럼, 우리에게 온다. 그들의 젊은 회귀.

마치 그가, 우리를 구하듯이, 사유를 덧없는 추락과 동일시하면서 사유를 구했다고 믿었던 것처럼, 그는 그들의 젊은 회귀가 함께하지 않으면서, (오래전부터, 그는 일상의 약속의 동의, 확인을, 그 메아리조차도, 들은 적이 없다.) 공동체로 떨어지는 것을 가능하게 한다고 생각했다. 이 덧없는 추락—공동의 추락. 항상 나란히 놓이는 말들.

그리고 그는, 아주 오래된, 시간에 의해 지워진 지식 덕분에, 이 젊은 이름들이, 두 번, 아니 무한히, 과거에서 발견되는 것, 미래에서 발견되는 것, 즉 이전에서만 발견되는 것, 너머에서만 발견되는 것을 명명하면서, 회망과 실망을 명명한다는 것을 알고 있다. 손 안에 손, 문턱에서 문턱으로, 불멸의 존재들처럼, 하나가 죽는다면, 다른 하나가 "내가 죽는다면 누구와 함께 있을 것인가?"라고 말한다.

❖ "왜 더 이상 아무 말도 하지 않습니까?"—"내가 뭔가를 말했습니까?"—"아무 말도 하지 않으면서, 당신은, 모든 말함이 가지고 있는 회망과 실망이, 감사를 표하듯이, 말해지게 합니다."

"왜 더 이상 아무 말도 하지 않습니까?"—"낮은 목소리로, 매번 더 낮은 목소리로, 명확하고, 중성의, 난처한 목소리로, 여전히 이 질문을 반복할 수 있어서 좋습니다."—"이제, 나는 더 이상, 이 마지막 질문의 형태로도, 당신과 연관된 생각을 하지 않습니다."—"물론 사유의 분별 안에서 우리를 함께 유지하는 것을 포기하는 것은 좋습니다."—"왜 내가 더 이상 줄 수 없는 것을 좋다는 환상 아래에서 나에게 돌려줍니까?"—"좋습니다."

그는 죽어 가면서 너무 조용해서, 죽기 전에 이미 죽은 것처럼, 그리고, 후에, 항상, 우리의 심장을 뛰게 하는 삶의 조용함 안에서, 여전히 살아 있는 것처럼 보였다.—경계가 지워지고, 한순간 경계는 지워진다.

(도래하는 밤에, 하나가 된, 지워진 자들은 이 지움을 그들이 서로에게 가하는 상처로 느끼지 않는다.)

❖ 너무 긴 말에서 나를 해방하라.

넘어감이 없이 넘어가는 발걸음

1.

블랑쇼의 『저 너머로의 발걸음』*Le pas au-delà*(1973)은 소설도, 이야기 $_{récit}$도, 문학적 혹은 철학적 에세이도 아닌 — 이 모두인 — 이어짐이 없이 이어지는 단편적인 것들의 모음이다. 그의 최초의 진정한 "단편적인 글쓰기"* 라고 말할 수 있는 것이다. 거의 읽기가 불

---

* 물론 블랑쇼에서 최초의 단편 형식을 가진 글은 허구적 형식으로 쓰여진(그의 마지막 허구적 작품) 『기다림 망각』(1962)이다. 그러나 이 작품이 연속적인 글쓰기를 자르고 분할하지만 직접적으로 그의 단편적인 글쓰기의 기원이라고 말하기에는 어려운 점들을 가진다. 이 작품은 『무한의 대담』(1971)과 더불어 단편적인 글쓰기로 가는 과도기에 속하는 작품이라고 말할 수 있을 것이다. 1960년 『121인 선언』 이후 시대의 변화와 역사적 단절을 담을 수 있는 새로운 잡지 창건을 위한 준비기간(1960~1964) 동안 형성된 글쓰기의 새로운 기획에 속하는 진정한 단편적인 글쓰기를 위해서는 『저 너머로의 발걸음』을 기다려야 한다. 이 글은 『카오스의 글쓰기』와 더불어 더 이상 어떤 장르에도 속하지 않고, 무한한 반복과 다수의 말, 블랑쇼가 나중에 고백할 수 없는/밝힐 수 없는 공동체라 부른 것 안에 통합되는 모두의 모두를 위한 익명적인 글쓰기로서 블랑쇼의 단편적인 글쓰

가능해 보이는 단편적인 것들, 부서진 것들을 붙이려고 하는 순간 우리는 블랑쇼의 글쓰기의 리듬을 배반하게 된다. 단편적인 것들을 그대로 따라가다 보면 우리는 어느새 '미궁'에서 헤매고 있는 자신을 발견한다. 블랑쇼 읽기의 가장 정직한 순간이다. '넘어감이 없이 넘어가는 이 발걸음le pas au-delà'은 "미궁과 같은 공간 안에서 움직이는 것이 아니라, 마치 미궁처럼 처신하고, 그 자체 미궁의 구조를 가진다"(Derrida, *Parages*, p.37)고 데리다는 말한다. 가까이 가면서 멀어지는, 멀어지면서 가까이 가는 그 같은 발걸음으로 인해, 그 발걸음은 자신이 가진 거리/한계를 줄이면서/넘어서면서 동시에 새로운 거리/한계를 연다. 이렇게 '저 너머로의 발걸음' le pas au-delà의 '발걸음'le pas은 이중적 기입 없이는 작동하지 않는다. 즉 부정의 부사로서 'pas'(not)는 명사로서 'le pas'(step), 즉 '발걸음'이 넘어서야 할 그 경계를 넘어섬이 없이 넘어가는 도약의 그 운동 한가운데 존재한다. '저 너머로의 발걸음'(le) pas au-delà, 그것은 글쓰기이고, 죽음이다. 다시 말해 가까이 오면서 멀어지는, 넘어가면서 넘어가지 못하는, 쓰면서 지워지는, 'le pas/발걸음/위반' 안에 기입된 'pas/부정/금지'이다. 그러나 'pas의 pas', 이것은 이중의 부정도, 변증도 아니다. 그것은 도달함이 없이 다만 끊임없이 접근하는, 넘어감이 없이 무한히 다가가는 발걸음/죽음의 '불가능

기의 기획에 속한 대표적인 작품이라고 말할 수 있을 것이다. (블랑쇼의 단편적인 글쓰기에 대해서는 에릭 오프노의 다음의 글을 참조할 수 있다. Eric Hoppenot, Maurice Blanchot et l'écriture fragmentaire:"le temps de l'absence de temps", *Barcelone: Colloque du GRES*, 2001)

성'에 대한, "사이entre-temps"에 대한 기술이다. 그러나 금지는 위반을 앞서지 않는다. 그것은 동시적이다. 넘어가는 발걸음은 넘어가지 못하고 다만 또 다른 경계를 부를 뿐이다. 그것은 "죽어 감을 위한 현재가 없기" 때문이다.

2.

책을 열면 저자는 "이 관계 안으로 들어가자"고 우리를 초대한다. 유일하게 문장 앞에 마름모가 없는 문장. 예외. 관계 밖에 존재하는 것. 그런데 어떤 관계로 들어가자고 저자는 독자인 우리를 초대하는가? 이 책을 열고 이 문장을 읽은 당신은 "이미" 그 관계 속에, 적어도 저자와 독자인 당신이 만들 관계 속에 ─ 질문 속에 ─ 연루된다. 위태로운 마름모들을 따라가면서 당신은 우리에게 익숙하지 않은 죽음에 대한 이야기와 이 죽음을 이해하고자 하는 사유의 무능과 만날 것이다. 이 죽음과 사유의 관계는 "시간, 시간" 안에서 일어난다. 그러나 저 너머로, 죽음으로 가는 이 발걸음은 시간 안에서 완성되지 않는다. 반대로 그 발걸음은 우리를 시간의 바깥으로 이끈다. 그런데 그 바깥은 비시간적이라고 말해져서는 안 된다. 그 시간의 밖은 다만 저 너머로 가는 발걸음이, 시간이 추락하는 곳일 뿐이다. 그 "추락은 허약하다"고 블랑쇼는 말한다. 그것은 "시간 안의 시간 밖"hors du temps dans le temps을 따라서 일어난다. 이 바깥─그, 중성적인 것 ─ 은 글쓰기가 우리를 유혹하는, 유인하는, 이끄는 곳이다. 결국 글쓰기가 우리를 부르는 곳이다. 다만 이 모든 것은 과거의 발걸음들, 과거의 글쓰기들, 과거의 그 두려움의 비밀을 간직하고, 그 아래에서 쓰는 것이 "우리"에게, 그런데 이미 사라진, 이미 우리 밖에 우리에게 허락되는 한에서 가능할 것이다. 글쓰기는 바로 이 시간의—블랑쇼가 니체를 불러 영원회귀의 시간이라 부르는 시간의—공간 내기/거리 내기espacement와 다르지 않을 것이다. 이렇게 "공간에 틈이 있는 것처럼 시간에 틈이 있을 것이다. 그러나 그것은 시간에도 공간에도 속하지 않는다. 이 틈 안에서 우리는 글쓰기에 이를 것이다". 여기서 틈, 거리, 차이는 둘 간의 거리를 의미하지 않는다. 그것은 시간 그 자체, 공간 그 자체에 속한 틈, 거리, 차이도 아니다. 속함이 한 실체의 속성을 보증한다면, 글쓰기는 처음부터 이 보증을 배제하는 글쓰기의 요구 안에 기입되기 때문이다. 모든 글쓰기의 행위는 이 간격, 이 단절을 함축한다. 글쓰기에 본질에 속하는 이 불연속이 사물들의 가장 깊은 곳에서 실재의 구조 그 자체를 의미한다면, 세계는 완성된 어떤 것이 아니라, 이미 부서진, 조각난 것일 것이다. 이때, 글쓰기는 이 조각난 것들에, 실재의 불연속에 대한 대답일 것이며, 언어와의의 불연속적 관계일 것이다. "글쓰기가 이미 항상 언어와의—그것이 써진 것이든 말해진 것이든지 간에—단절"인 경우에 말이다.

3.

"모든 것이 이미 모두 말해졌을 때, 글쓰기는 단편적인 것에 속한다." 이 진술은 블랑쇼의 글쓰기의 한 전제에 속한다. 블랑쇼가 '단편'le fragment과 구분해서 '단편적인 것'le fragmentaire이라고 쓰는 것은 조각난, 파편의, 불완전한 어떤 것을 말한다. 단편이 하나의 글

쓰기의 스타일로서 짧고 축약적인 단상, 혹은 금언과 같은 단장斷
章을 의미할 수 있다면, 단편적인 것은 그것이 길던 짧던 '완성'으
로서 작품의 개념을 처음부터 지운다. 그런데 쓰기 전에 모든 것이
이미 다 말해졌다는 것은 정확히 무엇을 말하고자 하는가? 그것
은 우선 글쓰기의 행위를 반복—영원회귀—으로 만드는 것, '말
하기'를 '다시 말하기'로, 모든 글쓰기를 해석으로, 모든 글쓰기를
표절로 만드는 것이다. 그것은 창작자로서 작가의 무로부터 창조
의 개념을 지우면서 글쓰기에서 순수한 창조의 개념을 처음부터
지운다. 이 진술이 가져오는 것들은 무엇인가? 모든 것이 이미 말
해졌다는 것은 예술가가 꿈꾸는 유사 신의 개념을 지운다. 그리고
"처음에 말이 있었다"라는 진술이 함축하는 시간의 연속성, 역사,
질서, 로고스, 전체성의 개념을 지운다. 글쓰기가 이미 말해진 것의
반복이라면, 시간·역사의 반복은 동일한 것의 회귀와 만난다. 이러
한 상태는 재시도로서 시작, 고유성으로서 탈소유, 차이로서 반복
과 같은 논리를 가지고 글쓰기를 규정하고자 하는 모든 시도들조
차도 처음부터 거부하는 것이다. 이 반복과 회귀로서의 글쓰기의
개념으로부터 글쓰기의 무한한 요구가 출현한다. "모든 것은 지워
져야 하고, 모든 것은 지워질 것이다."

4.

이 책 안에는 두 종류의 글쓰기가 존재한다. 하나는 볼드체로(원문
에는 이탤릭체로), 하나는 정체로 되어 있다. 볼드체로 되어 있는 부
분은 우리가 보통 이야기의 장르에 속하는 것이라고 말할 수 있는

것, 정체는 보통 문학적·철학적 글쓰기라고 부를 수 있는 것이다. 특히 이야기 안에서, 우리는 블랑쇼가 죽어 가는 타인과의 관계를 통해 절대적인 분리로서의 죽음을 넘어서려는 시도들을 발견할 수 있다. 하이데거에 반해서, 블랑쇼가 나눌 수 없는, 항상 나의 것인 근본적인 분리로서의 죽음을 우리가 "나눌 수 있는 것"으로 생각할 수 있는 것은 죽어 가는 자와의 근접성, 죽어 가는 자와의 공동체—블랑쇼가 나중에 고백할 수 없는/밝힐 수 없는 공동체라고 부른 것—안에서다. 이 책에서 블랑쇼가 서로의 죽음에 노출되어 사는 "우애의 관계"라고 부르는 것—혹은 "우정"이라 부른 것—안에서다. "죽어 가면서 너는 죽지 않는다"라는 진술이 가능해지는 것도 이 익명적인 우리On/Nous의 죽음 안에서다. 왜냐하면 죽는 것은 네가 아니고, 우리가, 익명적인 우리가, "너와 함께 너 없이" 죽기 때문이다. 이 익명적인, 공통의, 고독 속에서 블랑쇼는 파스칼에 반해 "우리는 홀로 죽지 않는다"고 말한다.

5.

책을 옮기면서, 잘려진, 조각난, 부서진 조각들을 붙이지 않았다. 마치 조각난, 흩어진 퍼즐을 붙이듯이 그것들을 다시 모으고 붙이는 것은 없는 전체를 가정하는 것으로 보였기 때문이다. 한 문장은 그 문장을 완성하는 동사의 결핍으로 끝나지도 완성되지도 않는다. 말과 말을 연결하는 접사의 부재는 말들을 무한히 다르게 연다. 블랑쇼의 이 말들은, "말들이 아니라, 말에서 말로, 끝없이, 말들을 가로지르는 고통을 들으면서" 일어나는 시간의 부재에 대한, 사건이 완성되기 위해 필요한 현재의 결핍에 대한, 시간이 위로의 약속이 될 수 있는 미래를 열지 못하는 고통 속에 기다림의 시간에 대한 블랑쇼의, 더 이상 그의 것이 아닌 그의, 그들의, 모두 단편들이다—세계의 질서에 반해, "죽음을 서둘러서 무덤에 묻"지 않기 위해, "다 말해지지 않은 말들에 감사"하면서….

2019년 5월

박영옥

지은이 모리스 블랑쇼 Maurice Blanchot, 1907~2003　젊은 시절 몇 년간 저널리스트로 활동한 것 이외에는 평생
모든 공식 활동으로부터 물러나 글쓰기에 전념하였다. 작가이자 사상가로서 철학·문학비평·소설의 영역에서 방대
한 양의 글을 남겼다. 문학의 영역에서는 말라르메를 전후로 하는 거의 모든 전위적 문학의 흐름에 대해 깊고 독창
적인 성찰을 보여 주었고, 또한 후기에는 철학적 시론과 픽션의 경계를 뛰어넘는 독특한 스타일의 문학작품을 창조
했다. 철학의 영역에서 그는 존재의 한계·부재에 대한 급진적 사유를 대변하고 있으며, 한 세대 이후의 여러 사상가
들에게 큰 영향을 주는 동시에 그들과 적지 않은 점에서 여러 문제들을 공유하였다. 주요 저서로 『토마, 알 수 없는
자』, 『죽음의 선고』, 『원하던 순간에』, 『문학의 공간』, 『도래할 책』, 『무한한 대화』, 『우정』, 『카오스의 글쓰기』, 『나의
죽음의 순간』 등이 있다.

옮긴이 박영옥　연세대 철학과에서 사르트르 철학 연구로 석사학위를, 프랑스 부르고뉴 대학에서 레비나스의 철
학 연구로 박사학위를 받았다. 옮긴 책으로 미셸 앙리의 『물질 현상학』, 『육화, 살의 철학』, 기욤 르 블랑의 『안과 밖:
외국인의 조건』, 자크 랑시에르의 『역사의 형상들』이 있다.